Chibesa Angela Mwape

Equilíbrio entre a vida profissional e a vida privada

Chibesa Angela Mwape

Equilíbrio entre a vida profissional e a vida privada

Percepções das políticas organizacionais de equilíbrio entre a vida profissional e a vida familiar na redução do stress relacionado com o trabalho

ScienciaScripts

Imprint

Cover image: www.ingimage.com

This book is a translation from the original published under ISBN 978-3-659-88826-7.

Publisher:
Sciencia Scripts
is a trademark of
Dodo Books Indian Ocean Ltd. and OmniScriptum S.R.L publishing group

120 High Road, East Finchley, London, N2 9ED, United Kingdom
Str. Armeneasca 28/1, office 1, Chisinau MD-2012, Republic of Moldova, Europe
Managing Directors: Ieva Konstantinova, Victoria Ursu
info@omniscriptum.com

Printed at: see last page
ISBN: 978-620-8-56339-4

Índice

Resumo

Neste livro, o investigador examinará em que medida as políticas de equilíbrio entre a vida profissional e a vida privada (WLB) ajudam a reduzir o stress entre o pessoal de apoio do Gabinete do Banco Mundial no Quénia (WBO Quénia). Esta questão é abordada através da pergunta de investigação e da finalidade e objectivos do estudo. A questão de investigação visa determinar se as políticas de LBC ajudam a aliviar o stress relacionado com o trabalho na organização, utilizando o contexto do WBO Quénia. A pertinência desta questão de investigação reside no facto de explorar a importância das políticas de vida profissional (PLT) para além da forma como as PLT, os programas e as iniciativas são aplicados nas organizações e de procurar formas de atenuar o stress relacionado com o trabalho através da aplicação eficaz das PLT institucionais. No presente documento, a expressão WLB será utilizada indistintamente para designar a vida profissional.

As organizações que tentam manter-se no topo do seu jogo e manter uma vantagem competitiva que as distinga da concorrência, investem em vários tipos de programas e compromissos com o objetivo de contratar e reter talentos altamente qualificados nas suas organizações. Por conseguinte, não é raro que as organizações locais, regionais e internacionais em todo o mundo utilizem políticas de WLB para conseguir um pessoal trabalhador e empenhado. O conceito de WLB ou flexibilidade implica diferentes tipos de intervenções de WLB. Estas intervenções incluem o trabalho a partir de casa, horários de trabalho reduzidos, horários de trabalho flexíveis, etc. No entanto, é importante reconhecer a viabilidade destas mediações no mundo real e saber se os trabalhadores podem dar-se ao luxo de utilizar algumas destas políticas. E, se puderem, qual o impacto que têm, por exemplo, na sua carreira. Por outro lado, é importante saber também qual o impacto que a não participação em alguns destes programas tem no bem-estar dos trabalhadores e nos objectivos comerciais de uma organização.

Com o objetivo de conhecer as percepções do pessoal de apoio da WBO Quénia em relação ao contributo do WLP para a redução do stress no trabalho, a questão de investigação foi abordada através de um estudo descritivo com recurso a um questionário. A investigação revelou que o programa de formação profissional pode não ser a solução definitiva para o stress no trabalho, mas sim uma combinação de várias intervenções. Alguns dos inquiridos consideraram que o programa de trabalho de proximidade os ajudou a lidar eficazmente com o stress no trabalho, enquanto outros consideraram que as políticas não os ajudaram de todo a lidar com o stress no trabalho.

A literatura sugere que, entre outros factores, o trabalho em equipa ajuda a reduzir a fadiga mental e física, o absentismo e a melhorar a qualidade de vida. Neste contexto, o absentismo e a fadiga no local de trabalho são abordados como elementos provocadores de stress. Se os elementos supramencionados forem considerados factores de stress relacionados com o trabalho, então um PMA eficaz deverá contribuir para a diminuição do stress profissional. Contudo, os trabalhadores devem também assumir a responsabilidade pelo seu WLB se trabalharem em organizações que não proporcionam um benefício efetivo de flexibilidade. Na ausência de provas conclusivas de que o trabalho com flexibilidade no local de trabalho pode contribuir para reduzir o stress no trabalho, o investigador recomendou a realização de mais investigação sobre o tema. No capítulo final do documento, são apresentadas sugestões sobre a forma de o conseguir.

Agradecimentos

Várias pessoas devem ser reconhecidas pela conclusão bem sucedida deste livro, mas o mais importante é que agradeço a Deus por me ter concedido força mental e espiritual ao longo desta viagem emocionante e por vezes desafiante. O meu marido, Philip Jespersen, tem sido, sem dúvida, uma âncora muito forte e uma fonte de apoio quando tudo o que eu queria fazer era desistir devido a vários factores. A minha linda filha de 21 meses, que sentiu a minha falta muitas vezes para que eu me pudesse concentrar nos meus estudos, estou-lhe verdadeiramente grata pela sua paciência. Agradeço também à minha irmã, Sua Excelência, Gertrude Kasuba Mwape, por ter acreditado em mim e me ter apoiado ao longo da minha vida académica e não só. Outros amigos sem os quais isto não teria sido possível incluem o Professor Christian Borgemeister (Bona) que está sempre disponível e feliz por ouvir e ajudar, Gabriel Demombynes (Hanói), por rever o questionário inicial, Obed Agufana (Nairobi) que me ajudou a pensar num tópico relevante e, claro, a minha chefe Suzanne Jessop (Sarajevo) que me concedeu o tempo e o espaço de que eu precisava para completar o meu trabalho, Kofi Tsikata que tem sido uma grande fonte de inspiração e Juliana Jaramillo que esteve lá para me segurar a mão durante todo o processo. As pessoas mais importantes são os meus antigos colegas e amigos que concordaram em participar no inquérito para o estudo e todos aqueles que participaram no estudo-piloto. Senhoras e senhores, este é para vós! Também transmito a minha sincera gratidão e agradecimento à minha anterior administradora de curso, Tracie McArthur, que sempre conseguiu ser espantosa, reactiva e solidária, e a todos os outros que me apoiaram ao longo deste trabalho de investigação. Por último, mas não menos importante, agradeço a toda a minha equipa doméstica que cuidou muito bem da bebé Clara Jespersen e da casa enquanto eu estava ocupado com os meus estudos.

Declaração de propriedade intelectual

i. O autor deste trabalho de investigação (incluindo quaisquer anexos e/ou cronogramas deste trabalho de investigação) detém determinados direitos de autor ou direitos conexos (os "direitos de autor") e concedeu à Universidade de Manchester determinados direitos de utilização desses direitos de autor, incluindo para fins administrativos.

ii. As cópias deste trabalho de investigação, quer na íntegra quer em extractos e quer em cópia impressa ou eletrónica, só podem ser feitas em conformidade com a Lei de Direitos de Autor, Desenhos e Patentes de 1988 (na sua versão alterada) e com o Manual de Trabalho de Investigação do IDPM 18 regulamentos emitidos ao abrigo da mesma ou, se for caso disso, em conformidade com acordos de licenciamento celebrados pela Universidade. Esta página deve fazer parte de todas as cópias efectuadas.

iii. A propriedade de determinados direitos de autor, patentes, desenhos, marcas registadas e outra propriedade intelectual (a "Propriedade Intelectual") e quaisquer reproduções de obras protegidas por direitos de autor no trabalho de investigação, por exemplo, gráficos e tabelas ("Reproduções"), que possam estar descritas neste livro, podem não ser propriedade do autor e podem ser propriedade de terceiros. Essa propriedade intelectual e essas reproduções não podem nem devem ser disponibilizadas para utilização sem a autorização prévia por escrito do(s) proprietário(s) da propriedade intelectual e/ou das reproduções em causa.

iv. Mais informações sobre as condições em que a divulgação, publicação e comercialização deste livro, os Direitos de Autor e qualquer Propriedade Intelectual e/ou Reproduções nele descritas podem ser efectuadas estão disponíveis na Política de PI da Universidade (ver http://documents.manchester.ac.uk/display.aspx?DocID=487), em quaisquer declarações de restrição de trabalho de investigação relevantes depositadas na Biblioteca da Universidade, nos regulamentos da Biblioteca da Universidade (ver http://www.manchester.ac.uk/library/aboutus/regulations) e nas Orientações da Universidade para a Apresentação de Dissertações.

Glossário

ACS	Administrative and Client Support
CCOHS	Canadian Centre for Occupational Health and Safety
CIPD	Chartered Institute of Personnel and Development
ETC	Extended Term Consultant
ETT	Extended Term Temporary
HSE	Health and Safety Executive
IBRD	International Bank for Reconstruction and Development
ILO	International Labour Organisation
JPA	Junior Professional Associate
NHS	National Health Service
NSE	National Study of Employers
SHRM	Society for Human Resource Management
STC	Short Term Consultant
STT	Short Term Temporary
UN	United Nations
UNHCR	The UN Refugee Agency
WBO Kenya	World Bank Office in Kenya
WHO	World Health Organisation
WLB	Work Life Balance
WLP	Work Life Policies

CAPÍTULO 1. INTRODUÇÃO À INVESTIGAÇÃO

Introdução

O estudo tem por objetivo analisar se as políticas de vida profissional ajudam a reduzir o stress nas organizações, com especial destaque para o Banco Mundial, Gabinete do Quénia. Começará por rever a literatura sobre a vida profissional e utilizará uma abordagem de investigação quantitativa para analisar os dados recolhidos através de um inquérito por questionário ao pessoal administrativo e de apoio ao cliente (ACS) do WBO Quénia.

Equilíbrio entre vida profissional e pessoal

O equilíbrio entre a vida profissional e a vida privada tornou-se uma palavra de ordem na indústria do emprego e as organizações do sector privado e público em todo o mundo estão a fazer um esforço para garantir que têm algumas políticas que apoiam o conceito. Nalgumas organizações, estas políticas não são abertamente conhecidas como políticas de WLB, mas noutras sim. As grandes organizações internacionais, em particular, tendem a ser designadas por políticas de WLB. Outras organizações referem-se a elas como programas, actividades, iniciativas, incentivos, etc., ou programas de bem-estar. Algumas destas organizações incluem a Deloitte, a Nestlé, as agências das Nações Unidas (ONU), a Coca-Cola, algumas agências bilaterais, entre muitas outras. De acordo com as Nações Unidas, as políticas e programas de WLB no seio das Nações Unidas visam melhorar o bem-estar do pessoal, com algumas agências do sistema das Nações Unidas a utilizarem-no como uma ferramenta para atingir as metas e objectivos organizacionais, a fim de contratar talentos de alta qualidade (United Nations Systems 2008a). As categorias de pessoal da ONU incluem: Categorias profissionais e superiores, serviços gerais e categorias relacionadas, oficiais profissionais nacionais, o serviço de campo e nomeações sénior com os graus que variam de G1-G5 e P1-P2 (United Nations Careers 2014). O Chartered Institute of Personnel and Development (CIPD 2007a) afirma que, para poderem cumprir os seus objectivos comerciais, as organizações esforçam-se cada vez mais por manter os trabalhadores em bom estado de saúde. Isto significa que, se uma organização tiver um banco de pessoal física e psicologicamente saudável, o seu nível de contribuição positiva para alcançar os objectivos empresariais da organização será, em última análise, melhorado. Uma vez que os trabalhadores passam uma grande parte do tempo no trabalho e não em casa, os empregadores são cada vez mais obrigados a assegurar que os seus trabalhadores tenham um bem-estar individual mais equilibrado, o que pode ser conseguido através de políticas de WLB (CIPD 2007b).

O WLB é, portanto, uma função crítica de Recursos Humanos (RH) que deve facilitar o processo de garantir que as políticas e iniciativas de WLB das organizações sejam eficientes e eficazes tanto no papel como na realidade para a organização e os seus empregados. McCourt e Common (n.d.) descrevem o WLB como uma questão emergente de RH que é suscetível de ser apreciada principalmente no Ocidente desenvolvido, mesmo que as políticas que regem o WLB sejam genéricas. Esta última dimensão pode ser apoiada pela análise dos esforços de empresas e organizações multinacionais e internacionais que importaram esta função de RH para os seus capítulos e organizações representativas locais. Por exemplo, o Banco Mundial, sendo um banco internacional de desenvolvimento, tem políticas que são consistentes em todos os 100 locais onde está presente. Por conseguinte, as políticas de trabalho em equipa que estão disponíveis para o pessoal dos escritórios da sede são igualmente aplicáveis aos membros do pessoal dos restantes escritórios a nível mundial. A abordagem que as organizações adoptam em relação ao WLB varia, mas a função fundamental continua a ser a de garantir que os trabalhadores tenham um bom equilíbrio entre a sua vida e funções profissionais e a sua vida e funções pessoais. Isto deverá, de facto, aliviar alguma da pressão do stress relacionado com o trabalho. A questão que se coloca é a de saber se o WLP ajuda a reduzir o stress relacionado com o trabalho entre os trabalhadores.

Este estudo de investigação tentará desvendar a realidade e outras questões relativas à eficácia da presença destas políticas na Representação do Banco Mundial no Quénia e também verificar se os ACS se sentem habilitados a utilizar as políticas disponíveis.

Banco Mundial

O Banco Mundial é um banco internacional de desenvolvimento que foi criado em 1944 para ajudar na reconstrução e desenvolvimento da Europa no final da Segunda Guerra Mundial. Desde então, alargou o seu mandato para aliviar a pobreza mundial e, atualmente, tem escritórios em mais de 104 países. O Banco Mundial, também conhecido como Banco Internacional para a Reconstrução e o Desenvolvimento (BIRD), tem um total de cinco instituições para além do Banco Mundial, incluindo a Associação Internacional de Desenvolvimento (AID), a Sociedade Financeira Internacional (SFI), a Agência Multilateral de Garantia dos Investimentos (MIGA) e o Centro Internacional para a Resolução de Litígios em matéria de Investimentos (ICSID). Estas cinco instituições são coletivamente referidas como o Grupo do Banco Mundial. Além disso, o Banco Mundial é "uma fonte vital de assistência financeira e técnica aos países em desenvolvimento em todo o mundo", com uma equipa técnica diversificada que inclui peritos em políticas públicas, economistas, peritos sectoriais e cientistas sociais (Banco Mundial 2014). A nível mundial, estas categorias de pessoal recorrem aos serviços e ao apoio do pessoal do ACS. O Grupo do Banco

Mundial tem mais de um terço do seu pessoal localizado fora da sede em Washington DC, EUA, com um grande escritório em Nairobi com aproximadamente mais de 100 funcionários do BIRD, dos quais cerca de 22 são funcionários do ACS (World Bank HRO 2014).

Os ACS são membros do pessoal que prestam funções de apoio administrativo às operações das organizações com títulos de trabalho como Assistente de Escritório, Assistente de Programa, Assistente Executivo, Administrador de Escritório, Assistente de Programa Nacional e Gestor de Escritório (Banco Mundial 2012a).

O Banco Mundial tem diferentes tipos de nomeação de emprego, incluindo Regular, Pessoal Local Regular, Open-ended, Term, Executive Diretor's Assistant, Special Assignment, Short Term Consultant (STC), Short Term Temporary (STT), Extended Term Consultant (ETC), Extended Term Temporary (ETT), e Junior Professional Associate (JPA)] (Banco Mundial 2013). Alguns destes tipos de nomeação não são elegíveis para as políticas do WLB. O pessoal do ACS pode ser regular, a termo ou STT. Os funcionários STT não são elegíveis para as políticas de WLB, pelo que o grupo de funcionários ACS que participará no inquérito é constituído por funcionários locais regulares. Para além disso, os níveis de classificação variam de A a J, sendo que as classificações dos funcionários do ACS variam de A a D (Banco Mundial 2012b).

Finalidades e objectivos da investigação

O objetivo da investigação é determinar se as políticas de vida profissional ajudam a reduzir o stress relacionado com o trabalho. Os objectivos da investigação são duplos: analisar a sensibilização do pessoal da ACS para as políticas em matéria de vida profissional e a capacidade do pessoal da ACS para utilizar essas políticas.

Metodologias aplicadas

O método de inquérito foi selecionado porque está "geralmente associado à abordagem dedutiva" [...] e tende a ser utilizado para a investigação exploratória e descritiva" (Saunders et al. 2009a). Para atingir as metas e os objectivos, este estudo descritivo basear-se-á numa conceção de investigação quantitativa, utilizando um questionário de investigação auto-administrado que aplica sete variáveis para avaliar se as políticas de WLB na WBO Quénia ajudam a reduzir o stress relacionado com o trabalho entre o pessoal da ACS. O estudo utilizou um questionário de investigação para solicitar o feedback do pessoal dos ACS no Banco Mundial, Gabinete do Quénia e, por conseguinte, a investigação quantitativa foi escolhida como a metodologia adequada porque é uma "[...] opção lógica e fácil como forma de recolher informações das pessoas" (Palgrave Study Skills 2014).

Limitações da investigação

Uma das limitações esperadas da investigação é o número reduzido de pessoas que participaram no estudo. Mesmo que uma percentagem significativa (77%) do pessoal do ACS tenha participado no inquérito, os sujeitos não são suficientes para dar uma imagem completa e responder à questão de investigação representando todos os mais de 100 funcionários do Banco Mundial no WBO Quénia. Também é possível que os inquiridos não dêem uma imagem completa nas suas respostas por receio de serem reconhecidos pelos seus colegas ou superiores. A investigação foi realizada tendo em conta estas limitações e, sempre que possível, foram tomadas todas as medidas para garantir a validade e a fiabilidade dos resultados.

Estrutura do livro

O livro está dividido em cinco capítulos com subtópicos. Os capítulos estão divididos nos seguintes tópicos:

- Introdução à investigação
- A revisão da literatura
- Métodos de investigação
- Análise de dados e resultados
- Conclusões e recomendações

A análise da literatura no capítulo seguinte fornece uma visão geral da literatura atual sobre o WLB, analisando vários textos e fontes que remontam a 1995 e também a textos mais recentes. São apresentados vários argumentos de múltiplas dimensões sobre o que é o WLB na prática e se, de facto, ajuda os trabalhadores a alcançar um equilíbrio que os ajude a manter a produtividade no trabalho, assegurando simultaneamente que a qualidade das suas vidas fora da vida profissional não seja comprometida. A revisão continua a analisar os vários efeitos que a falta de WLB pode ter nos trabalhadores, com especial atenção para o stress relacionado com o trabalho e o seu impacto nos trabalhadores:

- Produtividade no trabalho
- Saúde
- Vida privada
- Evolução da carreira

O capítulo 3 aborda os métodos de investigação que incluem a definição da questão de investigação, os objectivos e as finalidades da investigação, a conceção da investigação, os sujeitos e a lista de medidas.

O Capítulo 4 apresentará a análise dos dados e os resultados, abordando a resposta à questão de investigação, discutindo se as políticas de WLB na delegação do Quénia ajudam a aliviar o stress relacionado com o trabalho.

Na conclusão, no capítulo 5, são apresentados os principais resultados, com especial atenção para as finalidades e objectivos do estudo. Segue-se um debate sobre as alternativas para os trabalhadores nos casos em que o WLP institucional nas organizações não existe ou é considerado ineficaz. O próximo capítulo aborda a revisão da literatura atual e anterior.

CAPÍTULO 2. REVISÃO DA LITERATURA

Introdução

Os empregadores e os trabalhadores estão cada vez mais conscientes da importância do imperativo do WLB e das suas políticas (Downes e Koekmoer 2011). O valor potencial do PLT e das práticas resultou num apelo maciço às organizações e aos seus trabalhadores (Sanchez-Vidal et al 2011a). Por conseguinte, as organizações estão cada vez mais empenhadas na implementação de programas de planeamento familiar e de trabalho para ajudar os seus trabalhadores a alcançar um bom equilíbrio entre a vida profissional e a vida não profissional.

Este capítulo apresentará uma visão das principais linhas de pensamento sobre a literatura do WLB. Começa por apresentar várias definições de WLB e os tipos de WLP que as organizações dos sectores público e privado iniciaram. Em seguida, examina os potenciais efeitos adversos que a falta de WLP, ou o impacto que a utilização ineficaz do WLP, pode ter nos trabalhadores e, em última análise, na organização.

Este capítulo abordará a literatura sobre o WLB e a justificação para a existência de políticas de WLB, bem como os benefícios das intervenções.

Panorama da literatura sobre o equilíbrio entre a vida profissional e a vida familiar

O discurso sobre o trabalho infantil e o emprego favorável à família está em voga entre os políticos e os líderes empresariais (Felstead et al. 2002a). O tema do WLB tem sido amplamente explorado na literatura. Existem políticas de WLB em várias organizações, desde agências governamentais, ao sector privado e a empresas multinacionais. O conceito de WLB tem várias definições. O Business Dictionary (2014a) define o WLB como "um estado de equilíbrio confortável alcançado entre as prioridades primárias de um trabalhador no seu posto de trabalho e o seu estilo de vida privado".

Heathfield (2004) define o WLB como:

> Um conceito que apoia os esforços dos trabalhadores para dividir o seu tempo e energia entre o trabalho e os outros aspectos importantes da sua vida.

O Sistema das Nações Unidas (2008b), citando o CIPD, define o WLB como:

> Um estado em que um indivíduo gere o conflito real ou potencial entre diferentes exigências do seu tempo e energia de forma a satisfazer as suas necessidades de bem-estar e auto-realização.

Em consonância com as definições apresentadas acima, a Work Foundation (2014a) define o WLB da seguinte forma:

> O equilíbrio entre a vida profissional e a vida privada consiste em as pessoas terem um

certo controlo sobre quando, onde e como trabalham. Este equilíbrio é alcançado quando o direito de um indivíduo a uma vida plena dentro e fora do trabalho remunerado é aceite e respeitado como norma, para benefício mútuo do indivíduo, da empresa e da sociedade.

McCourt e Common (n.d.) afirmam que o WLB é uma preocupação crítica para os gestores de RH, uma vez que afecta a capacidade de uma organização para atrair, motivar e reter pessoal altamente qualificado. As organizações para-estatais, como os Serviços Postais na Zâmbia, atribuem às mulheres pelo menos um dia de folga em cada mês para gozarem o chamado Dia da Mãe (Mukupo 2014). Trata-se de um dia que as trabalhadoras podem utilizar à vontade. Destina-se a permitir que as mulheres descansem durante o seu ciclo menstrual mensal, mas pode ser gozado em qualquer altura do mês sem aviso prévio. Algumas empregadas utilizam este benefício para descansar em casa, enquanto outras o utilizam para outras actividades privadas. O WLB é um elemento útil para a motivação do pessoal, bem como para a aquisição e retenção de talentos (Governo da Austrália 2006). É também um dos atributos mais importantes do local de trabalho, logo a seguir aos pacotes de remuneração, e aumenta o empenhamento dos trabalhadores (Robinson 2014a). Se for implementado e utilizado com sucesso, o WLB é uma prática valiosa que pode contribuir para reduzir o absentismo e os níveis de stress, aumentar os níveis de produtividade e o desempenho, melhorando também a qualidade de vida (Nelson et al. 1990; Scandura e Lankau citados em Sanchez-Vidal et al. 2011b).

Os elementos que se destacam na definição de WLB são o facto de ser um esforço dos trabalhadores para gerir uma vida equilibrada entre conflitos profissionais e não profissionais para alcançar uma sensação de bem-estar. O WLB é, portanto, um conceito segundo o qual os trabalhadores gerem da melhor forma as suas prioridades profissionais em relação às suas prioridades não profissionais através da aplicação de políticas baseadas nos RH e de boas práticas de gestão dos RH.

Resumo das políticas de equilíbrio entre vida profissional e pessoal

As políticas de trabalho com base no trabalho são úteis para atrair talentos e podem ajudar a reduzir os custos de recrutamento, melhorando as taxas de retenção do pessoal. Estas políticas podem também aumentar a produtividade e "diminuir as repercussões negativas da vida dos trabalhadores, conduzindo a ganhos de produtividade" (Yassbeck 2004a). É possível obter uma boa sensação de bem-estar através da utilização e aplicação de políticas de bem-estar baseadas nos recursos humanos. As políticas de WLB podem contribuir para a redução do stress e a eliminação da fadiga (Yassbeck 2004b). Para evitar que o pessoal fique exausto e/ou pouco produtivo, as organizações podem aplicar vários tipos de políticas de WLB.

De acordo com o Centro Canadiano para a Saúde e Segurança no Trabalho (CCOHS 2008a), os PTV são essenciais para reduzir a doença e o absentismo e devem também fazer parte da política de saúde e segurança existente.

O University College of London (UCL n.d.) afirma que:

> [...] os funcionários são mais produtivos quando conseguem um equilíbrio entre a vida profissional e a vida privada que lhes permite cumprir as suas responsabilidades fora do trabalho.

A Work Foundation (2014b) afirma que, com a escassez de talentos e competências, os trabalhadores têm cada vez mais o poder de negociar as suas condições de trabalho, acrescentando que "as pessoas querem flexibilidade - ou soberania - tanto no tempo como no espaço". Através das políticas de WLB, a flexibilidade no tempo e no espaço pode ser alcançada pelos trabalhadores porque as políticas aumentam a autossuficiência dos trabalhadores na gestão e assimilação das suas vidas profissionais e não profissionais (Felstead et al. 2002b). As intervenções de WLB podem ser designadas por políticas, programas, iniciativas ou práticas.

O valor que o WLP traz para o local de trabalho não é apenas o recrutamento e a retenção de talentos de topo. Busbyway (2014) acrescenta que:

> Os empregadores estão a observar um impacto significativo nos principais indicadores de desempenho das relações com os trabalhadores. Os programas de equilíbrio da vida profissional, através de aplicações como acordos de trabalho flexíveis, programas de bem-estar dos empregados, teletrabalho e partilha de emprego, podem ajudar os empregados a sentirem-se verdadeiramente ligados às suas empresas, promovendo a lealdade, o respeito mútuo e um ambiente de trabalho positivo.

Além disso, as políticas de WLB também têm o potencial de promover uma perceção mais positiva do empregador, resultando em melhores relações com os empregados, encorajando a lealdade, o empenho e a motivação do pessoal, bem como reduzindo a rotatividade do pessoal (nidirect n.d.)

De acordo com o Sistema das Nações Unidas (2008c), a Agência das Nações Unidas para os Refugiados (ACNUR) aplicou as seguintes práticas como parte das suas políticas de WLB na sua agência:

- Regimes de trabalho flexíveis
- Partilha de trabalho
- Semana de trabalho comprimida
- Licença parental

- Licença sem vencimento
- Férias no domicílio

Outra agência das Nações Unidas, o Programa das Nações Unidas para o Desenvolvimento (PNUD), incluiu (i) horários de trabalho flexíveis, (ii) teletrabalho, e (iii) horários de trabalho a tempo parcial como parte das suas iniciativas de WLB (Brown n.d.).

As empresas do sector privado, como a Coca Cola, também têm políticas e programas de WLB na sua organização. Algumas das suas iniciativas incluem acordos de trabalho flexíveis e a disponibilização de ferramentas e recursos que permitem ao pessoal trabalhar de forma eficiente e eficaz. A empresa Coca Cola orgulha-se de o seu compromisso com "[...] políticas que visam melhorar a qualidade de vida dos seus empregados" (Coca Cola 2012). A Nestlé orgulha-se do seu programa de "regalias no trabalho", em que é oferecido aos funcionários o que a Nestlé designa por programas de benefícios para o trabalho/vida, incluindo a possibilidade de os funcionários levarem os seus animais de estimação para o local de trabalho, folgas pagas, férias, licença parental, um centro médico no local e muitas outras conveniências (Nestlé 2014).

A CCOHS (2008b) incentiva as organizações a adoptarem algumas das seguintes iniciativas como parte dos seus programas de vida profissional:

- acolhimento de crianças no local;
- assistência de emergência a crianças e programas sazonais de assistência a crianças;
- iniciativas de assistência aos idosos;
- regimes de trabalho flexíveis;
- licença parental para pais adoptivos;
- outras políticas de licenças de ausência, tais como licenças de formação, licenças de serviço comunitário, licenças autofinanciadas ou licenças sabáticas;
- oportunidades de educação ou formação internas e/ou externas; e
- instalações de fitness, ou assistência a membros de fitness

As disposições laborais flexíveis, as licenças (familiares, anuais, parentais, por doença e de emergência) e o trabalho a tempo parcial parecem ser uma caraterística normal da maioria das políticas de WLB, sendo outras iniciativas específicas de cada organização.

O WBO Quénia dispõe de uma série de políticas para apoiar os esforços dos seus funcionários no sentido de alcançarem o equilíbrio entre a sua vida profissional e a vida não profissional. O Banco

Mundial (2012) afirma que, enquanto organização, oferece ao seu pessoal "disposições de trabalho flexíveis para proporcionar um melhor equilíbrio entre a vida profissional e pessoal" e "ajuda o pessoal a alcançar o equilíbrio na sua vida profissional e pessoal" (Banco Mundial 2013a). Para alcançar este objetivo, o Banco Mundial iniciou cinco políticas, como se segue:

a. Trabalho flexível

Trata-se de "uma ferramenta empresarial que permite obter resultados de alta qualidade e atempados para os clientes, ao mesmo tempo que ajuda o pessoal a alcançar o equilíbrio entre a sua vida profissional e pessoal [...]" (Banco Mundial 2010). Não se trata de um privilégio, mas sim de um acordo mútuo equilibrado entre os membros do pessoal e os seus gestores, que trabalham para garantir que os objectivos empresariais e as necessidades dos clientes não são negligenciados.

Para além de outros objectivos, o trabalho flexível no Banco Mundial visa

- Ajuda o pessoal a alcançar o equilíbrio entre a vida profissional e a vida privada, aumentando o seu empenho e a qualidade do trabalho; e
- Aumentar a retenção de pessoal qualificado, o que reduz os custos de rotação e a interrupção dos programas de trabalho;

O trabalho flexível no Banco Mundial inclui as seguintes opções:

- Trabalho no domicílio: Os trabalhadores podem trabalhar em casa durante o horário normal de trabalho.
- Partilha de trabalho: Dois trabalhadores podem trabalhar menos do que a tempo inteiro e partilhar a responsabilidade por um trabalho.
- Reforma faseada: Os trabalhadores podem fazer a transição do trabalho a tempo inteiro para a reforma, trabalhando menos horas.
- Teletrabalho: a partir de outra cidade ou país

b. Licença de emergência

c. Licença de maternidade e paternidade

d. Horário de trabalho alternativo (AWS): Esta política dá aos funcionários o direito a 80 horas regulares de trabalho num período de 9 dias, com o 10º dia de folga (The World Bank 2013 b).

e. Horário flexível: "Modificação das horas de início e fim do trabalho" (The World Bank 2013c).

Stress relacionado com o trabalho

O Serviço Nacional de Saúde do Reino Unido (NHS 2012a) sugere que as longas horas de trabalho e uma carga de trabalho pesada podem causar stress. A Organização Internacional do Trabalho (OIT 2014) define o stresse relacionado com o trabalho como uma emoção causada pelo medo e pela tensão da perda de emprego e esses estudos indicam que "o stresse é um fator que está na origem de 50 a 60 por cento de todos os dias de trabalho perdidos [...]". De acordo com a Organização Mundial de Saúde (OMS 2014a), o stresse relacionado com o trabalho surge frequentemente quando o pessoal é confrontado com a realização de um trabalho que não é consistente com os seus conhecimentos e competências, desafiando assim a sua capacidade de lidar com a tarefa. Além disso, o stresse relacionado com o trabalho é um fenómeno que ocorre a diferentes níveis e é frequentemente exacerbado quando os colegas e a direção dão pouco ou nenhum apoio ao pessoal que sofre de stresse profissional. Também ocorre quando o pessoal tem pouco ou nenhum controlo sobre os seus processos de trabalho (OMS 2014b). Além disso, "o stress relacionado com o trabalho desenvolve-se porque uma pessoa é incapaz de lidar com as exigências que lhe são colocadas" (Health and Safety Executive 2004a).

Stress no local de trabalho

Em 2012, a OIT alertou para o aumento generalizado dos problemas de saúde mental causados pelo stress no local de trabalho, sobretudo na Europa, mas também noutras partes do mundo (OIT 2012a).

No seu artigo sobre o stress relacionado com o trabalho e as perturbações depressivas, Tennant (2001) sugere que a depressão dos tempos modernos pode ser aludida a maiores exigências profissionais e que, para além da família, o trabalho é outro aspeto da vida que proporciona uma satisfação valiosa e que, quando qualquer um deles parece falhar, o resultado são problemas psicológicos, incluindo:

> Burnout, abuso de álcool, sintomas físicos inexplicáveis, absentismo (laboral), fadiga crónica e acidentes [...].

A partir do pressuposto acima, é evidente que o stress profissional tem sérias implicações na vida das pessoas. Potencialmente, políticas eficazes de WLB podem atenuar o stress relacionado com o trabalho. Um inquérito recente do Corporate Executive Board, uma empresa de consultoria baseada em membros que representa 80% das empresas da Fortune 500, indica que os trabalhadores que têm um bom WLB tendem a trabalhar 21% mais do que aqueles que não o têm (Robinson 2014b). Mais recentemente, o National Study of Employers (NSE), em conjunto com a Conferência de Gestão de Talentos da Society for Human Resource Management (SHRM), efectuou um estudo sobre o aumento da flexibilidade no local de trabalho, no qual referiu que os empregadores nos EUA aumentaram a flexibilidade no local de trabalho, proporcionando aos trabalhadores mais opções para escolherem "os horários e os locais em que trabalham [...]" (Miller 2012).

St-Amour et al. (2007a) concordam que o impacto do desequilíbrio entre a vida profissional e a vida privada, que conduz ao stress, pode ter consequências terríveis para o desempenho dos trabalhadores, incluindo a redução da satisfação com o trabalho, a rotação dos trabalhadores e a desmotivação, para além do absentismo, do esgotamento, da fadiga, da depressão e da tensão.

O NHS (2012b) afirma que alguma pressão no trabalho pode ser positiva, mas quando excessiva, pode levar a uma série de problemas psicológicos, incluindo ansiedade e depressão. O stress relacionado com o trabalho pode ser desencadeado por diferentes factores, incluindo o aumento da pressão no trabalho e os prazos (NHS 2012c).

Van der Klink et al. (2001a) afirmam que o stress profissional ou relacionado com o trabalho pode levar a uma série de absentismos, a uma redução da produtividade e a um consumo excessivo de cuidados de saúde. Só na Grã-Bretanha, estima-se que 40 milhões de dias de trabalho são perdidos para a economia devido ao stress relacionado com o trabalho e que os indivíduos afectados sofrem de uma variedade de efeitos que vão desde a tensão, a raiva, a depressão, as alterações de humor, a fadiga mental e a insónia (Van der Klink et al.2001b).

Um debate sobre o stress relacionado com o trabalho em resultado de práticas ineficazes de WLB

Os desafios mais comuns que os empregadores enfrentam em matéria de RH são "o equilíbrio entre a carga de trabalho e a vida profissional e o stress dos trabalhadores" (Banwell 2006-7a). Nas organizações modernas, o stress relacionado com o trabalho afecta, em graus variáveis, algumas pessoas num momento ou noutro. O stress no local de trabalho pode potencialmente levar a uma baixa moral e a despesas adicionais relacionadas com a saúde na frente de trabalho. "Os efeitos da fadiga e do stress experimentados no trabalho podem afetar a vida familiar em casa e vice-versa" (St-Amour et al. 2007b). Além disso, é provável que provoque stress em casa, conduzindo a complicações domésticas, como o fracasso do casamento, complicações familiares, abuso doméstico e de substâncias e angústia social (Hobson et al. 2001a).

A ineficácia das políticas pode ser provocada por uma série de complicações, tais como uma carga de trabalho pesada, um apoio pouco ativo à utilização das políticas de trabalho em equipa por parte da gestão e a frequência de prazos urgentes. Estes obstáculos podem impedir a utilização efectiva das políticas de WLB, tornando-as ineficazes. No entanto, para reduzir os conflitos entre a vida profissional e a vida privada, o local de trabalho deve promover uma cultura empresarial que valorize e apoie o equilíbrio, "obtendo a combinação correta de políticas e programas que satisfaçam as necessidades da força de trabalho" (Banwell 2006 - 07b).

Nos EUA, o stress relacionado com o trabalho custa às indústrias cerca de 300 mil milhões de dólares por ano em "absentismo, rotação de trabalhadores, diminuição da produtividade e despesas médicas, legais e de seguros" (American Psychologists Association 2014). No Canadá, as taxas são menos alarmantes, mas ainda assim significativas, com uma perda de 12 mil milhões de dólares canadianos por ano devido a queixas de saúde, perda de produtividade e absentismo (Canada Mental Health Association 2014).

O CIPD (2007c) indica num relatório de inquérito sobre a gestão das ausências que, no Reino Unido, "o stress e outros problemas de saúde mental contam-se agora entre as principais causas de ausência dos trabalhadores".

Banwell (2006-7c) afirma que:

> O equilíbrio entre a vida profissional e familiar e o stress andam de mãos dadas. O que parece importar a este respeito é a importância que os trabalhadores atribuem ao equilíbrio nas suas vidas e a eficácia das políticas e práticas no local de trabalho para os ajudar a atingir este objetivo.

Há uma série de estudos que documentam a prática generalizada de políticas favoráveis à família por parte dos empregadores e Banwell (2006-7d) afirma que cerca de um em cada três empregadores reconhece que o trabalho infantil é um problema e está a tomar medidas

Os efeitos potenciais do stress relacionado com o trabalho em casa

"O conflito trabalho-família tem consequências significativas para todos os actores sociais" [...] incluindo a saúde (St-Amour et al. 2007c). Para muitos de nós, a casa pode ser considerada um refúgio e, no final do expediente, quando os trabalhadores regressam a casa, geralmente anseiam por ir para o santuário que criaram para si próprios, a fim de descontrair após um longo e talvez difícil dia de trabalho. No entanto, é difícil desfrutar da serenidade da própria casa quando se está a sofrer de stress provocado no local de trabalho. De acordo com o NHS (2012d), o stress conduzirá provavelmente à rutura familiar e matrimonial, entre outros compromissos não laborais. A falta de harmonia na conciliação da realidade tandem das exigências familiares e económicas tem um impacto significativo a nível individual e familiar, num mundo onde "o equilíbrio trabalho-família é tão vasto quanto complexo" (St-Amour et al. 2007d). Os chefes de família que se interessam pouco ou nada pelos seus familiares devido a um esgotamento psicológico arriscam-se potencialmente a perder o seu lugar no lar, uma vez que a sua condição mental pode levar ao absentismo emocional e físico, causando frustração aos membros do agregado familiar que não suspeitam. Greenhaus e Beutell (1985a) sugerem que as relações no agregado familiar podem entrar em colapso quando afectadas por stress relacionado com o trabalho e vice-versa. O conflito entre o papel profissional e o papel familiar pode surgir em vários cenários, tais como os seguintes: quando o tempo dedicado às exigências de um papel dificulta a satisfação das exigências de outro e quando a tensão resultante da participação num papel (por exemplo, o trabalho) dificulta o cumprimento das exigências de outro, como em casa (Greenhaus e Beutell 1985b). A diminuição da socialização, a redução da satisfação conjugal e a redução da capacidade de transmissão de valores e cultura são algumas das outras dimensões que podem resultar da incapacidade de usufruir de um estilo de vida saudável, desencadeada pela incapacidade de praticar o WLB (St-Amour et al. 2007e).

O conflito de prioridades entre o trabalho e a casa pode resultar em stress excessivo e os factores de stress no trabalho podem afetar os de casa e vice-versa. Os factores de stress profissional incluem trabalhar muitas horas, ou fora de casa, e levar trabalho para casa, o que pode ter um efeito negativo na vida doméstica de uma pessoa.

Trabalhar sem o prazer e a utilização do WLB pode levar ao esgotamento. Há provas empíricas de que o burnout pode levar a uma série de absentismo, depressão e níveis elevados de stress. De acordo com Hobson et al. (2001b), o desequilíbrio entre a vida profissional e a vida familiar deve-se principalmente aos seguintes factores

- Exigências e condicionalismos excessivos em matéria de emprego, resultantes de pressões concorrenciais crescentes para melhorar a produtividade e a relação custo-eficácia; e

-Necessidades financeiras crescentes do agregado familiar que exigem horas extraordinárias.

"As consequências pessoais e sociais da incapacidade de cumprir eficazmente as principais responsabilidades da vida ou da família estão bem documentadas", sendo que duas das mais significativas incluem taxas mais elevadas de conflitos familiares, bem como o aumento da incidência de abuso de substâncias (Delunas e Kesic 2001b, citando Geenhaus e Beutell 1985).

O impacto do stress relacionado com o trabalho na saúde

A condição psicológica do stress afecta provavelmente a saúde e o bem-estar geral de uma pessoa. Por conseguinte, uma pessoa que sofra de stress será menos produtiva no trabalho. Dados anteriores mostram que o stress no local de trabalho pode ter consequências adversas graves, incluindo o suicídio. Um relatório da OIT indica que 35 trabalhadores se suicidaram entre 2008 e

2009 e que vários deles deixaram notas de suicídio afirmando que a causa foi "pressão mental insuportável no trabalho" (OIT 2014b). O suicídio relacionado com o stress está novamente a aumentar na Telkom, agora conhecida como Orange, com dez funcionários da a suicidarem-se desde o início de 2014 (Daily Nation 2014). Um estudo do Health and Safety Executive (HSE 2004b) afirma que o stress relacionado com o trabalho pode resultar em problemas comuns de saúde mental. Além disso, o desequilíbrio entre o trabalho e a família pode também provocar tensão, fadiga, doenças cardiovasculares e obesidade (St- Amour et al. 2007f).

Além disso, o HSE (2004c) afirma que:

> O stress relacionado com o trabalho pode ser uma causa significativa de doença e sabe-se que está associado a elevados níveis de absentismo por doença, rotatividade do pessoal e outros problemas, como mais erros.

Koch (2014) acrescenta que o stress relacionado com o trabalho pode estimular a insónia e aumentar os problemas graves de saúde, como as doenças cardíacas. Ledger-Hornby e Reed (2006) acrescentam que:

> Uma pessoa sobrecarregada, com excesso de trabalho ou esgotada pode não só ser ineficaz no seu trabalho e ter um efeito muito negativo nos colegas, mas também corre o risco de sofrer uma depressão grave que pode ameaçar o emprego, as relações e a saúde.

O stress relacionado com o trabalho é cada vez mais reconhecido como tendo influência na saúde e na produtividade dos trabalhadores (Banwell 2006-2007e). Os trabalhadores não são apenas membros do pessoal das organizações, mas desempenham outros papéis, incluindo o de cônjuges, pais, tutores dos seus dependentes e líderes comunitários. Este facto provoca uma luta pelos vários papéis que têm de desempenhar. Os investigadores demonstraram o impacto negativo que a tentativa de equilibrar vários papéis tem na saúde, bem-estar, vida conjugal e familiar dos indivíduos (St-Amour et al. 2007g). Se a incapacidade de gerir estas exigências ficar fora de controlo, pode conduzir a problemas de saúde mental e ao stress relacionado com o trabalho. Por conseguinte, é evidente que "[...] para muitos trabalhadores, equilibrar as exigências da vida profissional e familiar é apenas um dos muitos desafios que enfrentam regularmente" (CCOHS 2008c).

Resumo

Este capítulo tem como objetivo discutir a investigação sobre as políticas de WLB e o impacto da ausência ou da utilização ineficaz destas políticas no empregador e no trabalhador. A literatura relativa ao WLB é vasta, mas os textos sobre as políticas de WLB e a sua utilidade são limitados. Além disso, os textos e a investigação sobre o stress induzido pelo desequilíbrio do WLB e os seus efeitos na evolução da carreira são ainda mais limitados.

A maior parte da literatura baseia-se nas percepções do WLB, com a maioria dos investigadores a definir o WLB com base na mesma premissa. Na sua maior parte, os investigadores forneceram as várias definições de WLB com vertentes consistentemente semelhantes. O tema central da literatura sobre WLB é que, enquanto conceito, o WLB é útil e benéfico tanto para o empregador como para o empregado. Cabe também ao membro do pessoal e ao empregador assegurar que o empregado seja capaz de gerir com êxito um bom WLB.

CAPÍTULO 3. MÉTODOS DE INVESTIGAÇÃO

Introdução

Este capítulo definirá a questão de investigação, discutirá a conceção do questionário, os métodos de recolha de dados utilizados, a identificação dos informadores, o processo de amostragem e a análise da informação. Apresentará também a metodologia utilizada para a análise dos dados. O capítulo termina com uma apresentação da lista de medidas. De entre uma seleção de vários métodos de investigação, foi escolhido um inquérito por questionário para efeitos deste estudo. Os dados recolhidos no livro basear-se-ão em:

- Resultados de um inquérito por questionário auto-administrado: os informadores foram o pessoal do ACS do WBO Quénia.
- O estudo incorpora uma abordagem de estudo de caso, analisando as políticas de WLB disponíveis na WBO Quénia.
- Os dados adicionais foram obtidos a partir de experiências pessoais do investigador, de revistas e da Internet.

Definição da questão de investigação

O principal objetivo deste estudo é investigar as percepções dos membros do pessoal da ACS relativamente às políticas de WLB para aliviar o stress relacionado com o trabalho, colocando as seguintes questões

1. *De que políticas de vida profissional tem conhecimento o pessoal da ACS?*
2. *O pessoal sente-se habilitado a utilizar estas políticas na prática?*
3. *Qual é a perceção dos membros do pessoal da ACS sobre o papel que as políticas de vida profissional desempenham na redução do stress relacionado com o trabalho?*

A primeira e a segunda questões são cruciais para o estudo, pois ajudam não só a verificar se o pessoal do ACS tem conhecimento das políticas em vigor, mas também se é capaz de as utilizar eficazmente. A terceira questão é central para o estudo, uma vez que constitui o foco principal da investigação.

Finalidades e objectivos da investigação

Tal como referido no capítulo sobre o equilíbrio entre a vida profissional e a vida familiar, o equilíbrio entre a vida profissional e a vida familiar, um discurso tópico que tem sido amplamente explorado na literatura, é uma prática em que os trabalhadores tentam equilibrar a sua vida profissional com a sua vida não profissional. O WLB é uma prática benéfica que tem a capacidade de contribuir para reduzir o absentismo no trabalho e os níveis de stress, melhorando simultaneamente a qualidade de vida (Nelson et al. 1990; Scandura e Lankau citados em Sanchez-Vidal et al. 2011c). Ao tentar avaliar a forma como o pessoal gere o equilíbrio entre as suas responsabilidades profissionais e as suas actividades não profissionais, esta investigação examinará a importância da PTV na redução do stress relacionado com o trabalho.

O principal objetivo da investigação é examinar as percepções sobre se o WLP pode contribuir para reduzir o stress relacionado com o trabalho entre o pessoal dos ACS no WBO Quénia. Os objectivos da investigação consistem em determinar se o pessoal ACS do WBO Quénia:

> têm conhecimento da atual WLP institucional; e se

> são capazes de utilizar eficazmente o WLP existente.

Conceção da investigação

Optou-se por um inquérito por questionário por várias razões. Ao tentar determinar se o WLP contribui para a redução do stress relacionado com o trabalho, foi realizado um inquérito por questionário porque "os dados recolhidos possuem uma melhor descrição das caraterísticas relativas da população geral envolvida no estudo"; por conseguinte, é possível obter dados que se aproximam das caraterísticas exactas da população em geral (Sincero 20082014). Os resultados do estudo deverão constituir uma boa amostra representativa do grande número de funcionários dos SCA do Grupo Banco Mundial, uma vez que os seus graus de emprego, funções e natureza do trabalho são semelhantes em todo o Banco. Além disso, as reacções recebidas no âmbito deste estudo provêm de uma grande parte do pessoal do SCA. No Capítulo 3.5 são apresentados mais pormenores. Além disso, os resultados dos questionários dos inquéritos podem ser quantificados de forma expedita pelos investigadores ou através da utilização do software adequado (IIS 2014). Para proporcionar uma compreensão mais rica e contextual dos resultados, a escolha do desenho de investigação para o estudo é um desenho de investigação quantitativo com uma abordagem descritiva. A escolha de um estudo descritivo foi informada pela natureza da investigação e também pelo facto de tais estudos estarem "preocupados com e concebidos apenas para descrever a distribuição existente de variáveis sem ter em conta hipóteses causais ou outras" (Grimes e Schultz 2002).

Foram consideradas várias outras abordagens para o estudo, mas foram rejeitadas por diversas razões. A observação foi considerada para o estudo. A observação é o ato sistemático de observar, registar, descrever, analisar e interpretar o comportamento das pessoas (Saunders et al 2009:288b).

No entanto, é um método de recolha de dados que consome muito tempo e só permite estudar um número limitado de indivíduos de cada vez (Johnston e McCourt 20102012:4). Outra abordagem que foi considerada é a entrevista. Existem três categorias de entrevistas, incluindo entrevistas semi-estruturadas, em profundidade e em grupo. As entrevistas podem assumir a forma de perguntas formais normalizadas ou de conversas informais não estruturadas ou mesmo de um formato semi-estruturado (Saunders et al 2009:320c). As entrevistas estruturadas são mais frequentemente utilizadas em estudos descritivos, utilizando questionários que se baseiam num "conjunto de perguntas pré-determinado e 'normalizado' ou idêntico", que são referidos como questionários administrados pelo entrevistador (Saunders et al 2009:320d). A desvantagem de utilizar entrevistas estruturadas para este estudo é o facto de serem trabalhosas e demoradas.

As entrevistas semi-estruturadas têm um formato semelhante, mas o entrevistador não faz toda a lista de perguntas, dependendo do contexto organizacional encontrado *em relação ao* tema da investigação. Isto varia consoante as entrevistas, mesmo quando a ordem específica das perguntas pode ser alterada em função do fluxo da conversa (Saunders et al 2009:320e). Este não foi um método de recolha de dados adequado para este estudo, porque a abordagem consome muito tempo.

A entrevista em grupo, também designada por grupos de discussão, é um método de recolha de dados em que os participantes respondem a perguntas na presença uns dos outros e pode ser estruturada ou não estruturada (Saunders et al 2009:343f). Este não seria um método adequado para o objetivo deste estudo, uma vez que algumas das informações fornecidas pelos participantes são confidenciais. Para este estudo, o anonimato é importante e a utilização de um questionário anónimo em linha foi considerada o método mais adequado. De facto, nenhuma das abordagens de entrevista seria útil para este estudo. Em primeiro lugar, os funcionários do ACS têm horários muito preenchidos, trabalhando por vezes fora da cidade ou do país. Em segundo lugar, mesmo que as entrevistas presenciais possam ajudar a explicar as perguntas aos inquiridos e também a clarificar as suas respostas, o processo implicaria que o investigador identificasse os inquiridos, o que poderia resultar em respostas inexactas por parte dos participantes. Além disso, a utilização de um questionário para este estudo tem duas vantagens: (i) ajuda a recolher dados de uma forma normalizada, permitindo que as perguntas sejam objectivas e (ii) a informação pode potencialmente ser recolhida de uma grande seleção de um grupo (Evaluation Cookbook 1999). Além disso, a abordagem anónima em linha pareceu ser a mais prática, porque enviar o questionário através do lento e pouco fiável sistema postal local teria sido uma grande desvantagem. A investigação experimental foi excluída porque as políticas de WLB do Banco Mundial se aplicam a todo o pessoal do ACS, pelo que não haveria grupos de tratamento e de controlo para comparar.

O questionário do inquérito foi enviado por correio eletrónico aos participantes, dando-lhes acesso à ligação do inquérito em linha utilizando o Survey Monkey, um software de conceção de inquéritos em linha.

Sujeitos e informadores

Foi contactada uma amostra de pessoal do ACS *(*n=22) do WBO Quénia, tendo 76% (n=17) respondido. Trata-se de uma taxa de resposta bastante satisfatória e de um número suficientemente razoável para se poderem extrair resultados. Os sujeitos não são uma amostra aleatória, mesmo que exista um risco de enviesamento por parte dos que não responderam *(n=5),* mas é difícil saber alguma coisa sobre os que não responderam e não temos ideia da "direção" do enviesamento. Assim, não há razão para acreditar que os não respondentes devam representar um viés específico. Todos os inquiridos eram do sexo feminino, com idades compreendidas entre os 25 e os 34 anos e entre os 55 e os 64 anos. O pessoal do ACS do WBO Quénia foi selecionado para este estudo porque esta categoria de pessoal é particularmente útil no estudo das políticas do WLB. O pessoal do ACS é uma categoria valiosa de pessoal cujas tarefas incluem, entre outras, a organização, a definição de prioridades e a coordenação da distribuição do trabalho departamental e do fluxo de trabalho para maximizar a eficiência e a qualidade (Banco Mundial 2012c).

Além disso, como pessoal de apoio, é provável que a sua presença no escritório seja necessária para além do trabalho normal, o que os torna uma categoria de pessoal suscetível de sofrer um elevado nível de stress relacionado com o trabalho.

Inquérito por questionário e métodos de recolha de dados de estudo de caso

A abordagem deste estudo é descritiva. De acordo com Key (2002):

> A investigação descritiva é utilizada para obter informações sobre o estado atual dos fenómenos, para descrever "o que existe" em relação às variáveis ou condições de uma situação. Os métodos envolvidos vão desde o inquérito que descreve o status quo, o estudo de correlação que investiga a relação entre variáveis, até aos estudos de desenvolvimento que procuram determinar as mudanças ao longo do tempo.

Num estudo descritivo, a informação pode ser recolhida sem ser manipulada (conceitos básicos de investigação, n.d.). Os investigadores utilizam estudos descritivos para observar e descrever o comportamento de um informador sem influência e para obter uma visão geral do assunto. Trata-se, portanto, de um método útil, nomeadamente em circunstâncias em que é impossível "testar e medir o grande número de amostras necessárias para tipos de experimentação mais quantitativos"

(Shuttleworth 20082014). Os estudos descritivos são também úteis para identificar padrões ou tendências numa situação (Business Dictionary n.d.). Por conseguinte, este método é adequado para o presente estudo, uma vez que ajuda a identificar padrões e tendências na prática das políticas do WLB. Como estudo de caso, o estudo incidirá sobre as políticas e práticas institucionais do Banco Mundial. Esta abordagem é, portanto, ideal, uma vez que permitirá recolher dados para descrever a utilização atual e os benefícios do WLP no WBO Quénia entre o pessoal da ACS, obtendo assim uma visão do seu comportamento e percepções relativamente ao WLB e ao WLP.

A investigação por inquérito é utilizada principalmente na recolha de dados sobre uma população de interesse, utilizando uma série predefinida de perguntas para a recolha de informações junto de indivíduos (Research Connections 2013). O instrumento de investigação por questionário é, por conseguinte, capaz de recolher dados que ajudarão a responder às questões de investigação e a cumprir os objectivos do estudo. Além disso, em vez de todo o

O pessoal ACS do Grupo do Banco Mundial, apenas o pessoal ACS do WBO Quénia foi selecionado para o estudo. O facto de se ter concentrado numa única categoria de sujeitos que se encontravam geograficamente juntos, fez com que o inquérito por questionário fosse uma abordagem conveniente para a recolha de dados. Os resultados do questionário foram analisados utilizando o Survey Monkey.

Lista de medidas

Esta secção resume as perguntas do inquérito que foram colocadas nas sete áreas temáticas abaixo indicadas:

(a)Dados biográficos

O objetivo desta secção, que consistia em seis perguntas, era compreender brevemente o contexto económico e social dos participantes. A compreensão dos seguintes parâmetros ajudou a formar uma interpretação informada dos resultados:

- idade
- estado civil
- situação profissional atual do cônjuge/parceiro
- a principal fonte de rendimento do agregado familiar
- grau profissional
- o número aproximado de horas trabalhadas por semana em 2013

(b)Sensibilização para as políticas de vida profissional

A WBO Quénia tem cinco políticas de WLB com uma subdividida em quatro categorias. O objetivo das perguntas desta secção era compreender o nível de sensibilização para as políticas institucionais existentes em matéria de lobbying. Compreender a consciencialização determinaria, em última análise, até que ponto a falta de consciencialização poderia resultar na não utilização das políticas. Esta secção é constituída por duas perguntas:

- o conhecimento de algumas das políticas do WLB no WBO Quénia
- políticas institucionais de que o pessoal tem conhecimento

(c) Participação nas políticas do WLB

Esta secção consistia em cinco perguntas que ajudaram a desenvolver um quadro para compreender a importância do WLP institucional:

- se o pessoal se tinha candidatado a algum dos programas de aprendizagem ao longo da vida
- porque é que não se candidataram a nenhuma das apólices
- se os pedidos de utilização do WLP foram aprovados
- os motivos da rejeição dos pedidos
- quais as políticas utilizadas pelo pessoal

(d)Utilização de políticas de vida profissional

Compreender o nível de utilização do programa de trabalho voluntário contribuirá para afirmar se o programa reduz o stress relacionado com o trabalho. Se o pessoal não tivesse utilizado as políticas de forma eficaz ou não, seria difícil saber se as políticas tinham ou não sido bem sucedidas na redução do stress. A secção era composta por três perguntas:

o se o pessoal foi obrigado a trabalhar enquanto utilizava as políticas o a frequência com que foi obrigado a estar no trabalho enquanto utilizava as políticas o se as políticas de WLB ajudaram o pessoal a gerir um bom equilíbrio entre a vida profissional e a vida não profissional

(e)WLB sobre o stress relacionado com o trabalho

O objetivo do conjunto seguinte de perguntas (seis) era avaliar a utilidade do WLP *em relação ao* stress relacionado com o trabalho:

- se o pessoal tinha sofrido stress relacionado com o trabalho durante o seu tempo na instituição o os tipos de stress que sofreram

o as causas do stress no trabalho

o os elementos de stress no trabalho que tinham experimentado

o se os elementos de stress relacionados com o trabalho podem ser atenuados pelas políticas de WLB se a Representação no Quénia tem políticas de WLB adequadas

(f) Políticas do WLB sobre a vida doméstica e familiar

As cinco perguntas desta secção eram perguntas de escala de classificação do tipo Likert, com uma opção de resposta por pergunta e cada item a ser analisado separadamente. A utilização de uma escala de classificação do tipo Likert implica que o inquirido indique o grau de concordância ou discordância com uma afirmação (Saunders et al. 2009:378g). O objetivo das perguntas era compreender o impacto da utilização ineficaz do desequilíbrio entre a vida profissional e a vida privada do pessoal. As perguntas eram as seguintes:

o se as políticas ajudaram o pessoal a gerir actividades fora da sua vida profissional

o se se a sua vida familiar e doméstica tinha sido afetada negativamente devido à incapacidade de utilizar o WLP

o se se normalmente não podiam frequentar a escola do(s) seu(s) filho(s)/aluno(s) e outras actividades extra-curriculares devido a exigências do trabalho

o se não puderam frequentar a escola e outras actividades extracurriculares do(s) seu(s) filho(s)/aluno(s) devido à incapacidade de utilizar o WLP

o se a impossibilidade de utilizar o PTV teve um impacto negativo nas suas relações com a família e os amigos

(g)Políticas do WLB sobre a evolução da carreira

As perguntas desta secção eram fechadas e abordavam uma das muitas dificuldades da utilização ineficaz do WLP:

o se o pessoal do ACS se sentia habilitado a utilizar as políticas do WLB

o se a utilização do WLP tinha potencial para afetar negativamente a sua carreira profissional

Procedimento

O questionário utilizado no estudo foi um questionário anónimo auto-administrado, distribuído eletronicamente por correio eletrónico. Os questionários baseados na Internet "oferecem um maior controlo porque a maioria dos utilizadores lê e responde ao seu próprio correio (utilizando) o seu computador pessoal [...]", o que melhora a qualidade dos dados em contraste com os questionários postais, em que não é certo que o inquérito seja respondido pelo destinatário pretendido (Saunders et al. 2009:363h).

Saunders et al. (2009:365i) acrescentam que a utilização de software de conceção de inquéritos ajuda a desenvolver perguntas que são descodificadas pelos inquiridos da forma pretendida (Saunders et al. 2009: 372j). Espera-se que, neste estudo, as perguntas do inquérito sejam descodificadas pelos inquiridos da forma pretendida.

Saber quem são os inquiridos ajuda a fornecer "alguma avaliação do impacto do enviesamento causado pela recusa" (Saunders et al 2009:363k). O inquérito foi realizado de forma anónima, pelo que não foi possível registar quem eram os não respondentes. Saunders et al (2009:363l) afirma ainda que a adulteração das respostas dos inquiridos "reduzirá a fiabilidade dos seus dados" e que, quando os inquiridos têm um conhecimento ou experiência deficientes no assunto, tendem a adivinhar a resposta, resultando numa resposta desinformada. O risco de respostas uniformes é muito baixo no inquérito ao grupo primário, porque os inquiridos têm conhecimentos organizacionais suficientes por serem membros do pessoal do Banco Mundial. No entanto, os inquiridos tiveram a oportunidade de indicar "Não sei" ou "N/A" se não soubessem a resposta às perguntas. Isto aumenta a fiabilidade dos dados e reduz o risco de enviesamento das respostas.

Resumo

Este estudo descritivo utilizou uma abordagem de inquérito quantitativo para examinar as percepções do pessoal da ACS em relação às políticas de WLB e a eficácia potencial do WLP na redução do stress relacionado com o trabalho. As questões de investigação foram informadas por discussões informais com alguns profissionais de RH e alguns membros do pessoal da WBO Quénia. Estas discussões contribuíram para o desenvolvimento do instrumento de recolha de dados e forneceram um quadro para a análise dos dados recolhidos. A análise dos dados e os resultados dos inquéritos serão apresentados no capítulo seguinte.

CAPÍTULO 4. ANÁLISE DOS DADOS E RESULTADOS

Introdução

O estudo de investigação visava determinar as percepções do pessoal ACS da WBO Quénia relativamente ao WLP e ao seu potencial para reduzir o stress relacionado com o trabalho. Com base no objetivo e nos objectivos da investigação, os dados foram divididos em sete secções para determinar se os inquiridos:

- têm conhecimento do atual programa institucional de aprendizagem ao longo da vida
- são capazes de utilizar eficazmente o WLP existente
- pensam que a utilização do WLP pode ajudar a reduzir o stress relacionado com o trabalho na sua vida pessoal

Este capítulo fornece uma análise quantitativa dos dados e resultados do estudo de investigação, começando por apresentar as imitações que foram identificadas no estudo. Em seguida, apresenta-se a forma como os dados foram analisados e unificados. O capítulo termina com a apresentação das principais conclusões, abordando os objectivos de investigação acima referidos. Os resultados serão apresentados sob a forma de uma narrativa descritiva com ilustrações de dados, utilizando tabelas para ilustrar os resultados.

Limitações do estudo

Reconhecendo que apenas uma categoria de pessoal foi selecionada para participar no estudo, representando menos de 10% do número total de funcionários do WBO Quénia, reconhece-se que a amostra pode não ser representativa de toda a organização e de outras categorias de pessoal. A validade externa descreve se os resultados da investigação se podem aplicar igualmente a outros contextos de investigação (Saunders et al. 2009:158m). Por conseguinte, as conclusões relativas à categoria de pessoal não serão generalizadas a todas as delegações nacionais, mesmo que possam ser coerentes com o resto da população das delegações nacionais do Grupo Banco Mundial, nomeadamente com o pessoal dos SCA noutras delegações nacionais. Assim, o estudo não tem por objetivo generalizar os resultados, mas antes tentar explicar o que se passa nos contextos específicos em que o estudo é realizado (Saunders et al 2009:15n). Os resultados do estudo poderiam ter sido mais significativos e representativos se tivesse sido incluída no estudo uma seleção mais vasta de pessoal ou uma combinação de outras categorias de pessoal, o que aumentaria a profundidade do estudo.

No entanto, é possível que as conclusões se apliquem a outras categorias de pessoal do WBO

Quénia, em particular ao pessoal técnico. O pessoal técnico é uma categoria de pessoal que depende fortemente do apoio do pessoal do ACS e é também uma categoria de pessoal suscetível de sofrer de stress relacionado com o trabalho devido a várias razões. Dada a natureza do estudo e a limitação de tempo, não foi difícil identificar dados secundários anteriores para avaliar a generalização das conclusões. Os dados recolhidos constituem um estudo único, relevante apenas para o contexto atual, pelo que não devem ser generalizados a todo o Grupo Banco Mundial. Na recolha de dados para o estudo, foi considerado um grupo secundário, que foi entrevistado através de um questionário adicional de inquérito em linha. No entanto, os dados recolhidos não acrescentaram valor ao estudo e o grupo secundário acabou por ser retirado da investigação.

Análise dos dados

As perguntas do inquérito foram formuladas e testadas num questionário-piloto. Como parte do piloto do inquérito, o questionário em linha foi enviado a fornecedores de feedback *(n=5)* que preencheram o formulário e forneceram feedback sobre a conceção do inquérito. Depois de receber o feedback do piloto e propostas para melhorar a conceção do inquérito, o instrumento de inquérito em linha foi revisto e finalizado para ser transmitido aos participantes. A análise dos dados ajudou a avaliar a consistência dos dados, assegurando a identificação de quaisquer irregularidades (ICAP 19952014).

O uso de um questionário de questionário eletrônico pode ajudar na criação de padrões/lógica de ramificação automatizados no questionário. Um padrão de ramificação automatizado é um "recurso que altera a questão [...] que um questionado vê a seguir com base em como ele responde" a uma questão anterior (Survey Monkey 19992014). Assim, se um respondente, por exemplo, responder "Não" a uma questão atual, a ferramenta de inquérito saltará automaticamente a questão seguinte para ir para a questão que vem a seguir. Este é o caso quando as instruções estipulam que, se a resposta à questão atual for "Não", os inquiridos são convidados a saltar a questão seguinte para passar à questão seguinte. A utilização de padrões de saltos ajuda a reduzir os dados e as margens de erro. Além disso, ao fazê-lo, os inquiridos não deixam de responder a perguntas às quais são obrigados a responder e também não responderão a perguntas às quais não é suposto responderem. Foram aplicados padrões de salto/lógica de salto a algumas das perguntas do questionário. As outras perguntas que não tinham um padrão de saltos foram deixadas assim para garantir que todas as perguntas fossem respondidas, evitando uma situação em que algumas perguntas ficassem sem resposta. Durante a triagem dos dados, descobriu-se que havia uma discrepância nas respostas, mesmo que isso não afectasse os resultados finais do inquérito.

A análise de dados efectuada no Survey Monkey também gera automaticamente gráficos, quadros e tabelas, dependendo da(s) preferência(ões) do investigador. Os quadros resultantes das respostas ao questionário encontram-se no capítulo seguinte. Na análise dos dados, o processo de digitalização e limpeza foi efectuado através da revisão de todas as respostas e da procura de discrepâncias, erros e irregularidades. Isto implicou o registo dos dados em secções agrupadas para cada pergunta, o que foi feito eletronicamente pelo Survey Monkey para todas as respostas. Uma cópia do questionário do inquérito está disponível no Anexo 1.

Unitarização dos dados

O Survey Monkey também efectua o processo de automatização dos dados em unidades que foi utilizado em para processar os dados para este estudo, rotulando as unidades de dados com as categorias adequadas. Resumiu todas as perguntas em números iguais de categorias correspondentes em tabelas e, finalmente, quantificou os dados. Isto ajuda a reorganizar os dados numa forma mais fácil de gerir e abrangente, utilizando uma série de matrizes para apresentar os dados (Saunders et al. 2009:493o).

As perguntas 1, 2, 10, 12, 18, 22, 24 e 30 eram todas perguntas de categoria que davam aos inquiridos a possibilidade de escolher apenas uma opção de uma lista de respostas.

As perguntas de escolha múltipla foram predominantes, com as perguntas 3, 4, 5, 6,7, 8, 9, 11, 13, 14, 15, 19, 20, 21 e 31 a oferecerem uma escolha mínima de pelo menos uma resposta.

As perguntas de classificação do tipo Likert de cinco pontos incluíam as perguntas números 17, 25, 26, 27, 28, 29 e 32, sendo a pergunta 16 uma pergunta de classificação do tipo Likert de quatro pontos.

A pergunta número 23 é a única pergunta aberta que dá seguimento à pergunta 22. Apenas os inquiridos que indicaram "Não" como resposta tiveram de responder à pergunta número 23.

As perguntas números 1, 2, 3, 4, 6, 7, 11, 17, 19, 20, 21, 24, 25, 26, 27, 28, 29 e 31 deram aos inquiridos a oportunidade de darem as suas próprias respostas quando as opções disponíveis não permitiam a escolha desejada.

Principais conclusões

O questionário continha várias perguntas (*n=32*) destinadas a compreender as percepções do pessoal do ACS relativamente às políticas de WLB na WBO Quénia.

Todos os inquiridos responderam à primeira pergunta "Qual é a sua idade?", como se pode ver no Quadro 1. O mais notável é que oito (47,1%) dos inquiridos tinham idades compreendidas entre os

35 e os 44 anos, ou seja, presumivelmente no auge das suas carreiras. Cinco (29,4%) tinham idades compreendidas entre os 25 e os 34 anos, três (17,6%) entre os 45 e os 54 anos e um (5,9%) entre os 55 e os 64 anos (5,9%).

QUADRO 1: Faixa etária dos inquiridos

What is your age?		
Answer Options	**Response Percent**	**Response Count**
20 to 25	0.0%	0
25 to 34	29.4%	5
35 to 44	47.1%	8
45 to 54	17.6%	3
55 to 64	5.9%	1
65 to 74	0.0%	0
Other (please specify)		0
	answered question	17
	skipped question	0

As medidas foram divididas em sete secções, como se segue:

Informações gerais

Doze (70,6%) dos inquiridos eram casados ou viviam com um parceiro, três (17,6%) eram solteiros e dois (11,8%) eram divorciados. Onze (64,7%) dos parceiros/cônjuges dos inquiridos estavam empregados a tempo inteiro, um (5,9%) trabalhava como voluntário não remunerado, um (5,9%) estava desempregado, um (5,9%) não estava empregado e três (17,6%) não estavam à procura de emprego. Cinco (29%) dos inquiridos responderam "outros". Estes 29% representam os inquiridos solteiros/divorciados. O total de parceiros/cônjuges que não trabalham ou não são remunerados dos 15 inquiridos que eram casados ou viviam com um parceiro totalizou três (17,**7%**). Por conseguinte, dois terços dos funcionários do ACS tinham cônjuges/parceiros que exerciam uma atividade profissional. Sete (41,2%) inquiridos eram os principais responsáveis pelo rendimento do seu agregado familiar, enquanto quatro (23,5%) indicaram que era o seu cônjuge/parceiro, seis (35,3%) indicaram que eram eles e o seu parceiro e um (5,9%) não sabia quem era o principal responsável pelo rendimento do seu agregado familiar. A maioria dos inquiridos era a principal fonte de rendimento do seu agregado familiar. Este facto coloca, sem dúvida, algum tipo de pressão sobre esta categoria de inquiridos para que trabalhem arduamente e dividam o seu tempo de forma a conseguirem um bom equilíbrio entre a casa e o trabalho, sendo cônjuges e pais trabalhadores. Nenhum dos inquiridos ignorou esta pergunta.

O Grupo do Banco Mundial utiliza 10 níveis de classificação para estruturar a sua força de trabalho (Banco Mundial 2012).

Quadro 2: Tabela de níveis de ensino do Banco Mundial **(Banco Mundial 2012)**

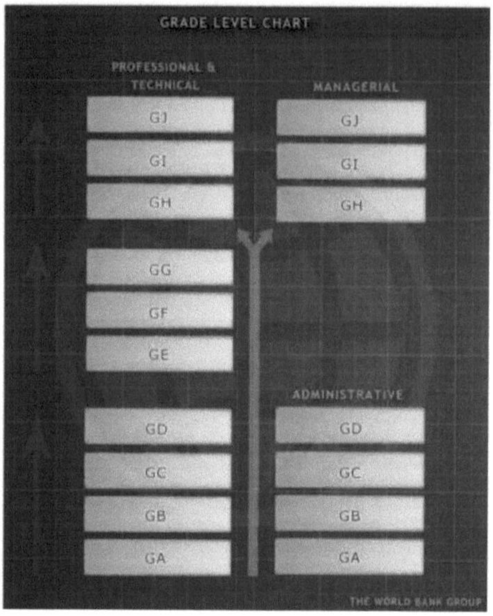

Como indicado no Quadro 2 (Banco Mundial 2012), o nível mais elevado para o pessoal ACS no Banco Mundial é o Grau GD: oito (47,1%) dos inquiridos tinham o Grau GB, sete (41,2%) o Grau GC e dois (11,8%) o Grau GD. O Banco Mundial tem uma política de trabalho de 40h/semana (contrato pessoal de trabalho 2012). Com base nos dados do Quadro 3, três (17,6%) dos funcionários do ACS tinham trabalhado 40 horas no ano civil de 2013, dez (58,8%) tinham trabalhado entre 41-50 horas, quatro (23,5%) tinham trabalhado entre 51-60 horas e um (5,9%) tinha trabalhado 70 horas ou mais por semana. Este facto pode ser considerado uma indicação da eficácia ou ineficácia do WLP no Banco Mundial. Se apenas 17,6% trabalhavam, em média, cerca de 40 horas por semana, isso significa que a maioria trabalhava mais do que isso, o que impossibilitava a utilização do programa institucional de aprendizagem ao longo da vida. Nenhuma das perguntas desta secção foi ignorada.

QUADRO 3: Número aproximado de horas de trabalho

Approximately, how many hours per week did you work did you work in the last calendar year?		
Answer Options	**Response Percent**	**Response Count**
less than 40	0.0%	0
40	17.6%	3
41-50	58.8%	10
51-60	23.5%	4
61-70	0.0%	0
70 or above	5.9%	1
Other (please specify)		0
	answered question	**17**
	skipped question	**0**

Sensibilização para as políticas de vida profissional

No que se refere ao capítulo sobre o Banco Mundial, a instituição dispõe de um certo número de WLP, incluindo o trabalho no domicílio, o teletrabalho, a licença de emergência, a licença de maternidade/paternidade, o horário de trabalho alternativo (AWS), a partilha de tarefas, a reforma por fases e o horário flexível. De acordo com os dados do Quadro 4, onze (64,7%) dos funcionários da ACS conheciam alguns dos PTV do Banco Mundial no Quénia, três (17,6%) não conheciam alguns dos PTV e outros três (17,6%) não tinham a certeza se conheciam os PTV.

Dos 64,7% que conheciam algumas das WLP, quatro (36,4%) conheciam o trabalho no domicílio e onze (100%) conheciam o teletrabalho. Seis dos inquiridos do não responderam a esta pergunta. Além disso, onze (64,7%) também conheciam a licença de emergência, doze (70,6%) conheciam a licença de maternidade/paternidade, dezasseis (94,1%) conheciam a AWS, enquanto seis (35,3%) conheciam o horário flexível, como se pode ver no Quadro 5. Curiosamente, de acordo com o Quadro 6, todos os 17 inquiridos confirmaram ter conhecimento de uma ou mais políticas da lista, enquanto apenas 11 dos 17 inquiridos indicaram ter conhecimento da WLP. A partir da resposta às perguntas seguintes, parece que todos os inquiridos tinham, de facto, conhecimento de pelo menos uma das políticas do programa WLP. A pergunta inicial sobre o conhecimento das políticas do programa WLP deveria ter utilizado um padrão lógico de salto para garantir que não houvesse erros de resposta.

QUADRO 4: Sensibilização para a política de vida profissional

Are you aware of some of the work life balance policies in the WB Kenya Country Office?		
Answer Options	Response Percent	Response Count
Yes	64.7%	11
No	17.6%	3
Not sure	17.6%	3
Other (please specify)		1
	answered question	17
	skipped question	0

QUADRO 5: Sensibilização para políticas específicas I

If yes to the previous question, which of the following policies are you aware of? Otherwise proceed to section C.		
Answer Options	Response Percent	Response Count
Home-based work	36.4%	4
Job share	0.0%	0
Phased retirement	0.0%	0
Telecommuting	100.0%	11
	answered question	11
	skipped question	6

QUADRO 6: Sensibilização para políticas específicas II

Which other policies are you aware of?		
Answer Options	Response Percent	Response Count
Emergency leave	64.7%	11
Maternity and Paternity leave	70.6%	12
Alternative work schedule	94.1%	16
Flextime	35.3%	6
	answered question	17
	skipped question	0

Participação nas políticas de vida profissional

Foi perguntado aos inquiridos se tinham recorrido a algum dos programas de aprendizagem ao longo da vida, com duas opções de resposta, "sim" ou "não". Dos 17 inquiridos, três (17,6%) recorreram às WLP e catorze (82,4%) não recorreram a nenhuma das WLP. Isto indica que a utilização das políticas institucionais pelo pessoal do ACS é limitada. Foram apresentadas várias razões para a não utilização das políticas institucionais. Aos inquiridos que responderam "Não" à pergunta anterior foi pedido que indicassem as razões pelas quais não o tinham feito, havendo nove respostas possíveis. A razão mais significativa foi a carga de trabalho que torna o ACS incapaz de utilizar as políticas, dada por sete (41,2%) dos inquiridos. Seguiram-se cinco (29,4%) dos inquiridos que indicaram que consideravam impraticável fazê-lo, enquanto quatro (23,5%) indicaram que estavam preocupados com o que os seus colegas e a direção iriam pensar deles, três (17,6%) indicaram que não tinham conhecimento das políticas, quatro (25.3%) tinham optado por não utilizar as políticas, um (5,9%) tinha flexibilidade suficiente para satisfazer as suas necessidades pessoais/familiares, um (5,9%) tinha um chefe/supervisor difícil e dois (11,8%) receavam que a utilização do PTV tivesse um impacto negativo na sua carreira.

QUADRO 7: Razões para não se candidatar a políticas

If no to previous question, what are the reasons why you have not applied for any of the policies? You can select more than		
Answer Options	Response Percent	Response Count
I am not aware of them	17.6%	3
I have opted not to	23.5%	4
I have adequate flexibility to meet my	5.9%	1
I do not see the benefits	0.0%	0
It is impractical to do so	29.4%	5
Heavy workload	41.2%	7
Difficult Manager/Supervisor	5.9%	1
I worry that my colleagues and	23.5%	4
I worry that it might have an adverse	11.8%	2
Other	5.9%	1
Other (please specify)		4
	answered question	17
	skipped question	0

A Tabela 7 acima ilustra que três (17,6%) dos inquiridos se candidataram a WLP e catorze (82,4%) não o fizeram. Seis (85,7%) dos pedidos tinham sido aprovados e um (14,3%) tinha sido rejeitado, mas o inquirido não indicou o motivo da rejeição dos pedidos, tendo dez (58,8%) dos inquiridos ignorado esta questão . Além disso, nove (100%) dos inquiridos indicaram ter recorrido ao AWS, que parece ser a política mais popular entre os inquiridos, um (11,1%) recorreu ao trabalho no domicílio, outro (11,1%) recorreu à licença de emergência e um (11,1%) recorreu à licença de maternidade/paternidade.

Utilização das políticas de vida profissional

Foi perguntado aos inquiridos se lhes tinha sido pedido que trabalhassem durante a utilização das políticas. Nove (52,5%) trabalharam durante o AWS, oito (47,1%) trabalharam durante a licença e três (17,6%) indicaram que não trabalharam de todo durante a ativação do WLP. Trata-se de um número notavelmente elevado de funcionários do ACS que trabalham quando não deveriam estar a trabalhar, o que resulta numa utilização ineficaz das políticas, que se destinam a ajudar o pessoal a gerir a sua vida profissional e não profissional. Cinco (29%) trabalharam frequentemente durante o AWS e dois trabalharam regularmente durante o AWS. Um número elevado de sete (41%) tinha trabalhado por vezes durante a licença. Se o objetivo do WLP é ajudar o pessoal a equilibrar uma boa prática de vida profissional, este é um mau reflexo do esforço. O que não é claro, porém, é a razão pela qual o pessoal trabalhou durante o período de utilização do WLP.

Efeitos potenciais das políticas de vida profissional no stress relacionado com o trabalho

Utilizando uma escala de Likert de cinco pontos, foi perguntado aos inquiridos se as políticas de WLB os tinham ajudado a gerir um bom equilíbrio entre a vida profissional e a vida não profissional. Sete (41%) dos inquiridos discordaram fortemente, cinco (29%) concordaram, um (5%) concordou fortemente e quatro (23%) responderam de forma neutra: esta questão obteve uma classificação média de 3,12. Nenhum dos inquiridos ignorou a pergunta. Dois dos inquiridos acrescentaram os seguintes comentários às suas respostas:

- "As políticas estão lá, mas a prática e as exigências do trabalho exigem que façamos o trabalho de qualquer maneira!"
- "As políticas existem, mas a carga de trabalho é pesada e somos obrigados a trabalhar, caso contrário ficamos para trás e não cumprimos os prazos."

Isto está de acordo com Hobson et.al (2001c) que afirma que o stress no trabalho pode ser causado por exigências e constrangimentos excessivos no trabalho.

A pergunta de seguimento perguntava se os inquiridos tinham sentido stress no trabalho enquanto trabalhavam no Banco Mundial: Treze (81,3%) dos inquiridos tinham sofrido stress durante o tempo que passaram na instituição e três (18,8%) não tinham sofrido stress relacionado com o trabalho. A maioria dos inquiridos (75 %) sofreu de fadiga física; cinco (31,3 %) tiveram um impacto negativo nas suas relações familiares/sociais, outros cinco (31,3 %) tiveram efeitos adversos na sua saúde e outros cinco (31,3 %) tiveram uma produtividade reduzida, enquanto um (6,3 %) sofreu de absentismo. É evidente que o desequilíbrio entre a vida profissional e a vida privada pode ser uma causa grave destes factores de stress profissional, de acordo com a literatura. Com 52,5% dos inquiridos a trabalharem durante o AWS e 47,1% durante as suas férias anuais, não é de surpreender que tenha havido um efeito adverso na vida não profissional do pessoal do ACS. Foi perguntado aos inquiridos quais eram algumas das causas do stress relacionado com o trabalho: Como se pode ver no Quadro 8, cinco (31,3%) referiram que gostavam de mostrar empenho, um (6,3%) gostava de trabalhar arduamente e de dar o exemplo aos outros, onze (68,8%) dos inquiridos referiram que uma carga de trabalho pesada tinha provocado stress no trabalho, cinco (31,3%) atribuíram-no a um supervisor/gestor difícil, enquanto sete (43,8%) o atribuíram a horários de trabalho excessivamente longos e outros onze (43,8%) o atribuíram a prazos impraticáveis. Um inquirido não respondeu a esta pergunta.

QUADRO 8: Causas de stress

If you have experienced stress, what have been some of the causes? You can select more than one choice.		
Answer Options	Response Percent	Response Count
I like to work hard to show commitment	31.3%	5
N/A	6.3%	1
I like to work hard to set an example for others	6.3%	1
Heavy work load	68.8%	11
Impractical deadlines	43.8%	7
Difficult supervisor/manager	31.3%	5
Excessively long working hours	43.8%	7
None of the above	6.3%	1
Other	0.0%	0
Other (please specify)		0
	answered question	16
	skipped question	1

Com base nos números indicados no Quadro 9, dez (62,5%) dos inquiridos sofreram de fadiga mental, cinco (31,3%) de raiva, três (18,8%) de alterações de humor, quatro (25%) de insónias e um (6,3%) de depressão. Outros factores de stress relacionados com o trabalho entre o pessoal dos ACS incluíam enxaquecas, dores de costas, dores de cabeça, dores de pescoço, visão turva e perda de peso, que foram indicados como parte do texto nas respostas. Apenas um inquirido não respondeu a esta pergunta, o que indica que 16 dos 17 inquiridos sofreram de stress no trabalho, uma taxa alarmante.

QUADRO 9: Factores de stress no trabalho sentidos

Work Life Balance and Work related stress- Dissertation Survey

What are some of the work stressors you have experienced from the list below:		
Answer Options	**Response Percent**	**Response Count**
Anger	31.3%	5
Depression	6.3%	1
Mood swings	18.8%	3
Mental fatigue	62.5%	10
Insomnia	25.0%	4
None of the above	18.8%	3
Other	0.0%	0
Other (please specify)		2
	answered question	16
	skipped question	1

Number	Response Date	Other (please specify)	Categories

A fim de determinar o impacto potencial de um programa de trabalho de proximidade eficaz na redução do stress no trabalho, foi perguntado aos participantes se concordavam que os elementos de stress no trabalho podiam ser atenuados pelas políticas de trabalho de proximidade: seis (37,5%) responderam "Sim", dois (12,5%) indicaram "Não" e oito (50,0%) afirmaram não saber. As razões adicionais apresentadas por dois dos inquiridos que indicaram "Não" ou "Não tenho a certeza" foram as seguintes

❖ "Embora as políticas existam para amortecer o pessoal, são apenas isso, políticas. A prática é sempre diferente".

❖ "É impossível conseguir um equilíbrio entre vida profissional e pessoal se o meu prato estiver a transbordar."

Em resposta à questão de saber se a WBO Quénia tinha políticas adequadas em matéria de WLB, seis dos inquiridos (37,5%) referiram "Sim", cinco (31,3%) indicaram "Não" e outros cinco (31,3%) indicaram que não sabiam. Apenas 1 dos inquiridos não respondeu a esta pergunta. Quatro dos inquiridos deram como resposta "Outro", com os seguintes pormenores adicionais

❖ "O pessoal não tem conhecimento dos seus direitos e políticas.

❖ "O pessoal da ACS deveria ter a possibilidade de trabalhar a partir de casa. Os funcionários do ACS não têm direito a computadores portáteis, o que significa que raramente podem trabalhar a partir de casa, mesmo que o seu superior hierárquico lhes ofereça essa opção de vez em quando."

❖ "A diferença horária entre Washington e Nairobi obriga a horários de trabalho alargados quase diariamente, o que é inevitável. As reuniões ao fim da tarde, as reuniões de voz e os áudios são quase sempre esperados e não são fáceis de evitar, especialmente para os ACS que apoiam as equipas."

- ❖ "Como funcionário [de nível] GB, compreendo que não tenho direito a algumas das políticas do WLB, ou seja, ao teletrabalho, ao passo que, por outro lado, o pessoal da sede do mesmo nível tem direito. Por vezes, o AWS não me favorece devido à carga de trabalho."

Impacto potencial das políticas de vida profissional na vida doméstica e familiar

Foi utilizada uma escala de cinco pontos para medir uma série de variáveis para esta secção, permitindo a recolha de dados quantitativos normalizados e a sua análise estatística. A primeira pergunta visava determinar se o WLP no WBO Quénia ajudava o pessoal da ACS a gerir as actividades fora da vida profissional. A pontuação média foi de 2,7, com dois (11,7%) inquiridos a concordarem que sim, sete (41%) a responderem de forma neutra e seis (35%) a discordarem. A escala era de 1 a 5, sendo 1 a resposta "concordo totalmente" e 5 a resposta "discordo totalmente". Quanto mais elevada a pontuação média, mais os inquiridos concordavam. Do mesmo modo, foi-lhes perguntado se a sua vida familiar e doméstica tinha sido afetada negativamente devido à incapacidade de utilizar o WLP, com uma classificação média de 3,8. Quando lhes foi perguntado se normalmente não podiam frequentar as actividades escolares e extracurriculares dos filhos ou pupilos devido às exigências do trabalho, os inquiridos responderam com uma classificação média elevada de 3,5. Utilizando a mesma escala, foi perguntado aos inquiridos se não podem frequentar as actividades escolares e extracurriculares dos seus filhos/filhas devido à impossibilidade de utilizar as políticas, tendo as suas respostas obtido uma classificação média de 3,2. Um dos inquiridos incluiu os seguintes pormenores:

- ❖ "As políticas são claras, favoráveis e úteis, a questão é a procura de trabalho."

A última pergunta destinava-se a determinar se a incapacidade de utilizar eficazmente o WLP tinha tido um impacto negativo nas relações com a família e os amigos. A pontuação média foi de 3,4, como se pode ver no Quadro 10. A pergunta foi ignorada por dois dos inquiridos.

QUADRO 10: Impacto nas relações não profissionais

The inability to effectively make use of work life policies has negatively impacted my relationships with family and friends							
Answer Options	Strongly disagree	Disagree	Neutral	Agree	Strongly agree	Rating Average	Response Count
	1	0	6	8	0	3.40	15
Other (please specify)							0
						answered question	15
						skipped question	2

Impacto das políticas de vida profissional no desenvolvimento da carreira

Esta secção continha três perguntas destinadas a compreender o impacto do WLP na evolução da carreira do pessoal do ACS. Dez (66,7%) dos inquiridos indicaram que não se sentiam habilitados a utilizar o WLP, três (20%) indicaram que se sentiam habilitados, enquanto um (6,7%) indicou "N/A" e outro (6,7%) indicou "Outro", como se pode ver no Quadro 11:

Quadro 11: Capacitação para utilizar as políticas

Do you feel empowered to use WLB policies?		
Answer Options	Response Percent	Response Count
Yes	20.0%	3
No	66.7%	10
N/A	6.7%	1
I don't know	6.7%	1
	answered question	15
	skipped question	2

A capacitação para a utilização das PTV está potencialmente relacionada com a melhoria da carreira. Os inquiridos que pretendem progredir nas suas carreiras podem eventualmente renunciar à utilização das políticas institucionais de conciliação da vida profissional e familiar. Os inquiridos que responderam "Não" à possibilidade de utilizar as políticas institucionais de conciliação da vida profissional e familiar deram as seguintes respostas como razões para tal: Onze (73,3%) carga de trabalho pesada, cinco (33,3%) prazos impraticáveis, um (6,7%) um chefe que não incentiva a utilização do PTV, três (20%) acham que o empregador não os leva a sério, quatro (26,7%) receiam não ser considerados para uma promoção, três (20%) acham que isso pode fazer descarrilar a sua carreira, como se pode ver no Quadro 11:

Quadro 12: Razões pelas quais não se sentem capacitados

Why do you not feel empowered to use the policies?		
Answer Options	Response Percent	Response Count
Heavy work load	73.3%	11
Impractical deadlines	33.3%	5
My manager discourages the use of the policies	6.7%	1
Employer will not take me seriously	20.0%	3
May not be considered for promotion	26.7%	4
Might derail career development	20.0%	3
Other	0.0%	0
Other (please specify)		5
	answered question	15
	skipped question	2

Dois dos inquiridos não responderam a esta pergunta.

Algumas das respostas adicionais foram as seguintes:

"Sinto-me capacitado mas, mais uma vez, as exigências do trabalho excedem a necessidade, na maioria dos casos, de invocar as políticas."

"A natureza do nosso trabalho exige a presença no escritório na maior parte do tempo."

"Nenhuma das anteriores"

"Por exemplo, não posso trabalhar a partir de casa porque as minhas tarefas exigem que esteja no escritório; o teletrabalho como ACS é impraticável. As políticas não são completas para se adaptarem a todas as funções e graus"

"Ninguém incentiva. Desde que entrei para o BM, há 5 anos, não vi os RH incentivarem a utilização de políticas de WLB."

Quadro 13: Impacto da utilização das políticas na carreira profissional

The use of work life policies can negatively affect my professional career								
Answer Options	Strongly disagree	Disagree	Neutral	Agree	Strongly agree	N/A	Rating Average	Response Count
	0	0	7	6	2	0	3.67	15
							answered question	15
							skipped question	2

Utilizando uma escala de cinco pontos, foi perguntado aos inquiridos se a utilização de políticas institucionais afectaria negativamente as suas carreiras profissionais. Como se pode ver na tabela 11, sete (64%) dos inquiridos concordaram que a utilização de políticas de vida profissional afectaria negativamente a sua carreira profissional, dois (11%) concordaram fortemente e sete (41%) foram imparciais quanto à questão de saber se a utilização de políticas institucionais teria um impacto adverso na sua carreira. A pontuação média foi de 3,6 e a questão foi ignorada por dois (11%) dos inquiridos.

Foram identificados alguns erros no estudo. Principalmente, alguns dos inquiridos indicaram inicialmente que não tinham conhecimento de nenhuma das WLP do Banco Mundial. No entanto, em resposta a perguntas posteriores, todos os inquiridos indicaram as políticas institucionais de que tinham conhecimento. Por conseguinte, estes erros não afectam as principais conclusões do estudo, uma vez que o objetivo é obter uma ideia mais profunda da forma como os inquiridos do percebem a utilidade das políticas de trabalho voluntário para reduzir o stress relacionado com o trabalho. Para além de um padrão lógico de saltos para reduzir o erro marginal, o investigador poderia ter considerado a possibilidade de rever a revisão da literatura antes de conceber o questionário para garantir a inclusão de perguntas adicionais relevantes no inquérito.

Resumo

Os resultados do inquérito revelaram o valor potencial do PTV e o desafio que tem sido a sua aplicação efectiva pelos trabalhadores. Os inquiridos que recorreram às PAL não as utilizaram eficazmente porque os empregadores lhes pediram que se disponibilizassem para trabalhar. Outros sentiram uma falta de poder na utilização das políticas. Uma investigação mais aprofundada dos resultados revelou que a perceção dos inquiridos é inconclusiva. O próximo capítulo apresentará uma discussão sobre as principais conclusões e a análise dos dados.

CAPÍTULO 5. DISCUSSÃO E CONCLUSÃO

Introdução

O estudo visava descobrir as percepções do pessoal da ACS na WBO Quénia relativamente às políticas de WLB e à sua capacidade de reduzir o stress relacionado com o trabalho. Um total de dezassete inquiridos participou num inquérito por questionário em linha que foi utilizado como instrumento de investigação. Este capítulo tentará apresentar as conclusões, começando por abordar os dois objectivos: a sensibilização para as políticas de WLP e a capacidade de utilizar as políticas de WLP. Segue-se uma discussão, depois uma conclusão e, por fim, uma lista de recomendações para empregadores e empregados.

Sensibilização para as políticas de vida profissional na delegação do Quénia

A primeira secção do inquérito analisou a sensibilização do pessoal da ACS para as políticas da WLP no WBO Quénia, em Nairobi, o que constitui igualmente o primeiro objetivo do estudo. O conhecimento das PALV é fundamental para determinar a capacidade do inquirido para utilizar as políticas. Isto porque, se souberem que existem políticas e/ou quais as políticas existentes, estarão conscientes e farão escolhas informadas sobre se e como utilizar ou não as políticas. A literatura revelou que as políticas de emprego não são apenas atractivas para o recrutamento e a retenção de talentos, mas que políticas eficazes podem também contribuir para a produção de pessoal produtivo. Os resultados revelaram que todos os inquiridos estavam conscientes da existência das políticas de emprego e conheciam algumas dessas políticas.

Capacidade de utilizar eficazmente as políticas de vida profissional

Enquanto uma das funções do empregador é implementar o planeamento territorial na organização, a manutenção de um bom planeamento territorial é da responsabilidade individual e os trabalhadores precisam de ter algum nível de controlo na gestão do planeamento territorial (OMS 2014; CCOHS 2008d; The Work Foundation 2014c). De acordo com os resultados do estudo, o pessoal da ACS tem um certo nível de controlo sobre a utilização do WLP, embora alguns tenham sido convidados a trabalhar durante a utilização do WLP. A revisão da literatura afirma que o PTV não só é um dos atributos mais importantes do local de trabalho, como também promove a dedicação dos trabalhadores e, por conseguinte, tem o potencial de acrescentar valor a uma organização (Robinson 2014c). Os resultados do estudo revelaram que oito (47%) dos funcionários da ACS tiveram um impacto negativo na sua vida fora do trabalho devido à incapacidade de utilizar eficazmente o WLP. Este facto está de acordo com a literatura que afirma que o WLB deve ajudar os indivíduos a gerir o conflito real ou potencial entre as várias exigências da vida quotidiana, utilizando o tempo e a energia para satisfazer as suas necessidades de bem-estar e realização (Sistema das Nações Unidas 2008d). Quarenta e sete dos funcionários do ACS não conseguiram gerir este conflito de papéis para satisfazer as suas necessidades de bem-estar e realização. Além disso, as WLP são indispensáveis para reduzir as doenças causadas pelo stress relacionado com o trabalho e são incentivadas a fazer parte da política de saúde e segurança das organizações. Em contrapartida, os resultados do estudo indicam que dezasseis (94,1%) dos inquiridos no inquérito por questionário experimentaram ou sofreram de algum tipo de stress relacionado com o trabalho, incluindo fadiga mental, raiva, alterações de humor, insónias e depressão, numa organização que supostamente tem um programa de trabalho de qualidade institucional. Embora as PLT sejam essenciais para reduzir as doenças profissionais, se não forem utilizadas pelos trabalhadores, não contribuirão eficazmente para a redução do stress profissional. A segunda secção do inquérito abordou a questão de saber se os inquiridos foram capazes de utilizar eficazmente o PTF institucional. Com base nas reacções dos inquiridos, a maioria deles não utilizou eficazmente o WLP porque trabalhou durante o AWS e as férias anuais. Os resultados indicaram que a maioria do pessoal sofreu de stress relacionado com o trabalho, sendo uma das principais causas os horários de trabalho excessivamente longos e a carga de trabalho pesada.

Percepções sobre a utilização eficaz das políticas de vida profissional na redução do stress relacionado com o trabalho

De acordo com a literatura, o trabalho em equipa pode contribuir para reduzir o stress e eliminar a fadiga (Yassbeck 2004c; Nelson et al. 1990; Scandura e Lankau citados em Sanchez-Vidal et al. 2011d). O objetivo deste estudo foi determinar se o trabalho em equipa ajuda a reduzir o stress relacionado com o trabalho na vida individual do pessoal do ACS, compreendendo as suas percepções. Em primeiro lugar, será importante analisar o impacto potencial do stress relacionado com o trabalho na vida familiar e doméstica dos trabalhadores. Os resultados sugerem que não existe um consenso definitivo sobre se o WLP no WBO Kenya os ajuda a gerir as actividades fora da vida profissional, embora um número significativo de pessoas tenha indicado que o WLP não as ajuda a gerir as actividades fora do local de trabalho. Acrescentaram ainda que as suas vidas domésticas e familiares tinham sido afectadas negativamente devido à incapacidade de utilizar o WLP. É importante que, ao contribuir para a redução do stress relacionado com o trabalho, o WLP institucional seja disponibilizado a todos os níveis do pessoal. Cinco por cento dos funcionários do ACS indicaram que algumas das políticas não se aplicam a eles devido ao seu nível de ensino, o que os exclui da utilização das PTF. Esta situação acaba por excluí-los dos vários benefícios do trabalho em equipa que contribuem potencialmente para a redução do stress profissional, benefícios esses que deveriam aplicar-se a todo o pessoal da organização. Alguns dos inquiridos citaram o trabalho excessivamente longo como um contributo importante para o stress no trabalho, com factores de stress profissional que vão desde a fadiga mental à depressão, tal como indicado acima. Por conseguinte, o WBO Quénia pode querer rever o número de horas que o seu pessoal trabalha e determinar um horário de trabalho realista para o pessoal, incentivando a utilização do WLP.

A fraca implementação do WLP no WBO Quénia pode dever-se a vários factores. De acordo com as conclusões, uma das razões prende-se com o facto de a diferença horária entre a sede do Banco Mundial nos EUA e o escritório nacional ser de 7 a 8 horas. Por vezes, espera-se que o pessoal do ACS esteja disponível para além da hora de encerramento para participar em videoconferências e outras actividades e eventos relacionados com o seu âmbito de trabalho. Os inquiridos apresentaram várias outras razões que explicam por que razão as políticas de BMN têm sido difíceis de concretizar. No entanto, podem existir várias outras razões possíveis, incluindo a falta de adesão da direção às políticas institucionais de saúde e segurança no trabalho, uma comunicação deficiente por parte da direção sobre as intenções das iniciativas de saúde e segurança no trabalho (CCOHS 2008e) e o receio do pessoal de descarrilar a sua carreira. Infelizmente, estava fora do âmbito deste estudo examinar algumas destas razões. Os dados dos inquiridos são, portanto, inconclusivos, em contraste com a literatura, que supõe que as WLP são úteis para aliviar o stress relacionado com o trabalho.

Além disso, a utilização do WLP contra o desenvolvimento da carreira é mais evidente nas carreiras das mulheres. Fenwick e Tausig (2001) afirmam que o WLB pode anular as vantagens das políticas de WLB, na medida em que podem afetar negativamente o crescimento financeiro e de carreira, especialmente para as mulheres. Isto deve-se ao facto de as mulheres terem de renunciar a uma parte significativa do saldo, o que, paradoxalmente, reduz o saldo real, para atingirem o WLB e obterem salários mais elevados e uma progressão na carreira. Um exemplo prático é o caso das mulheres que trabalham a tempo parcial para poderem usufruir do equilíbrio entre a gestão das suas responsabilidades não profissionais, como a guarda dos filhos, e a gestão das suas responsabilidades oficiais. Para elas, a progressão na carreira implicaria o abandono de uma parte substancial da sua vida doméstica. A maioria dos funcionários ACS da delegação do Banco Mundial no Quénia *(n=22)* são mulheres e é mais provável que sintam a pressão de alcançar o WLB do que os homens.

Discussão

Torrington et al. (2011:93) afirmam que existe uma retórica de diferentes escolas de pensamento sobre flexibilidade ou WLB, citando os trabalhos de Nolan e Wood (2003) e Karen Legges (1995). Os primeiros argumentam que prevalecem os padrões de trabalho convencionais enraizados no emprego permanente a tempo inteiro e que a motivação para as economias de escala significa que várias organizações não são pragmáticas em relação à flexibilidade do emprego. Acrescentam ainda que se espera que as organizações introduzam estruturas mais burocráticas associadas a práticas normalizadas impulsionadas por forças competitivas. Olhando para a data do documento, é evidente que muito foi feito ao longo das duas décadas desde que Nolan e Wood publicaram as suas conclusões. De facto, verificou-se uma mudança de paradigma, tal como estabelecido nas conclusões deste estudo; as organizações são mais pragmáticas em relação ao WLB e introduziram práticas e iniciativas de vida profissional nas suas organizações. No entanto, a literatura também acrescenta que os trabalhadores precisam de ter algum controlo sobre a utilização do seu WLB, incluindo sobre as horas que trabalham e quando trabalham. Deste modo, os trabalhadores podem desfrutar de uma vida profissional menos stressante. Com base na literatura, parece que as organizações devem ter um interesse genuíno no bem-estar dos seus trabalhadores. Isto representa um desafio para os empregadores, uma vez que as organizações também tentam manter-se competitivas e esperam que o pessoal dedique mais tempo ao seu trabalho.

A literatura sublinha os benefícios do WLB mas não menciona a importância ou os obstáculos enfrentados na utilização do WLP na prática. O Banco Mundial dispõe de um bom programa de aprendizagem ao longo da vida. De acordo com algumas das respostas ao inquérito, as políticas são úteis, claras e apoiantes, mas as exigências do trabalho não ajudam à sua utilização. Um dos inquiridos acrescentou que é difícil utilizar as políticas em vigor devido às exigências do trabalho, tendo outro inquirido afirmado que, mesmo que existam políticas, a prática é diferente. Alguns dos funcionários do ACS não conseguem utilizar as políticas de forma eficaz devido aos prazos de trabalho e aos longos horários de trabalho, o que impossibilita a utilização eficaz das políticas. A maioria (*n=7/41%*) dos inquiridos não concorda que o WLP ajuda a reduzir o stress relacionado com o trabalho. Isto deve-se provavelmente ao facto de a maioria (*n=8/47%*) ter referido que a incapacidade de utilizar eficazmente o PTV teve um impacto negativo nas suas relações com a família e os amigos. A existência de PTV é uma coisa, mas garantir a sua utilização e utilização efectiva é outra.

Conclusão

Este estudo analisou o impacto potencial da aplicação efectiva do PTF na redução do stress relacionado com o trabalho. Se as organizações implementam as WLP em benefício dos trabalhadores, devem assumir a responsabilidade de assegurar que o pessoal utiliza as políticas de forma eficaz, aumentando assim a sua produtividade, desempenho e níveis de empenhamento. Por outro lado, o pessoal deve empenhar-se e esforçar-se pessoalmente na gestão do seu WLB individual. No entanto, tal constitui um desafio, como indicam os resultados, porque nem sempre é possível ou fácil conseguir um bom WLB devido a cargas de trabalho pesadas e a outros factores relacionados com o trabalho. É evidente que o stress relacionado com o trabalho afecta o pessoal das organizações num momento ou noutro. Há vários factores que conduzem ao stress no trabalho, incluindo prazos irrealistas, colegas e chefias difíceis, longas horas de trabalho, etc. É inegável que os trabalhadores que sofrem de stress relacionado com o trabalho terão um impacto negativo na organização. O stress no trabalho pode levar a uma baixa moral, a uma redução da produtividade e a despesas adicionais com a saúde no local de trabalho. Além disso, é provável que provoque stress em casa, levando a complicações domésticas que podem resultar no fracasso do casamento, em complicações familiares e em dificuldades sociais. Existem muitos outros factores de stress psicológico no local de trabalho que podem ser resolvidos pelas organizações através de políticas adequadas para ajudar os trabalhadores a equilibrar o trabalho com a vida privada. As políticas de WLB podem abordar estas questões, especialmente se garantirem que políticas como a AWS no Banco Mundial são utilizadas tanto pelo pessoal superior como pelo subordinado, sem criar um sentimento de apreensão entre o pessoal subordinado. Para além de uma variedade de medidas, os empregadores podem atenuar o stress relacionado com o trabalho não só introduzindo políticas de WLB para os trabalhadores, mas também assegurando que os trabalhadores utilizam essas políticas de forma eficaz. Outro efeito adverso que o stress relacionado com o trabalho pode ter numa organização é o absentismo. Os trabalhadores que sofrem de condições mentais difíceis, como o stress, são obrigados a ausentar-se do trabalho por motivos de saúde. Se for bem implementado e apoiado pelos empregadores, o WLP pode contribuir significativamente para reduzir o impacto negativo do stress relacionado com o trabalho. No entanto, este estudo não fornece resultados conclusivos que confirmem que o WLP pode ajudar a reduzir o stress relacionado com o trabalho. Recomenda-se a realização de mais investigações sobre o estudo.

Por último, com base nas informações fornecidas sobre o potencial do WLP para reduzir o stress relacionado com o trabalho, há algumas limitações que devem ser reconhecidas no documento.

Durante a revisão da literatura, os dados disponíveis sobre o impacto do stress relacionado com o trabalho na progressão na carreira eram muito limitados, o que constitui uma lacuna significativa para uma investigação mais aprofundada. Além disso, o investigador teria tido uma perceção mais profunda da questão de saber se o desejo de desenvolvimento da carreira desempenha um papel na incapacidade de utilizar eficazmente o WLP. Também poderia ter revelado se os trabalhadores recorrem a práticas alternativas de WLB para evitar o esgotamento, a fadiga mental, o stress, a depressão e outros factores de stress profissional. Estudos futuros poderiam considerar a possibilidade de examinar o papel da valorização da carreira em relação à utilização efectiva do trabalho em equipa. As conclusões do presente estudo são também limitadas pela dimensão da amostra. Uma amostra maior teria sido provavelmente mais conclusiva e mais abrangente. A utilização de fontes secundárias adicionais, como grupos de discussão, estudos de casos e entrevistas, teria melhorado as conclusões. Outra limitação identificada é a conceção do inquérito por questionário, em que algumas das perguntas omitiam um padrão de saltos, o que levava os inquiridos a dar respostas inconsistentes, mesmo que estas não afectassem a análise dos dados.

Recomendações para o empregador

É benéfico para o WBO Quénia que o WLB seja exequível e prático, se se pretende manter uma elevada produtividade e moral do pessoal. Além disso, para o pessoal da ACS, vale a pena considerar formas de conseguir um bom equilíbrio sem causar conflitos entre o seu papel em casa e o seu papel no trabalho ou vice-versa. A literatura revelou que os trabalhadores são mais produtivos quando conseguem alcançar um WLB que os apoia nas suas responsabilidades não profissionais, razão pela qual os gestores devem levar a sério a utilização do WLP. O que torna isto possível é a vontade de ambas as partes. O WLP não é a única forma ou a forma ideal de alcançar o WLB, mas a WBO Quénia pode procurar formas mais eficazes de garantir que apoia os seus empregados na obtenção de um equilíbrio que traga produtividade ao local de trabalho e garanta um bem-estar saudável e satisfação fora do trabalho. Isto poderia, em última análise, contribuir para a redução do stress relacionado com o trabalho, reduzir o custo das despesas médicas, reduzir o absentismo do pessoal e aumentar a retenção do pessoal, o que é vantajoso para todos. Além disso, a WBO Quénia deve reconhecer o WLB como um contributo essencial para a satisfação, retenção e dedicação do pessoal. Devem reforçar a utilização do WLP como medida para reduzir invariavelmente o stress no trabalho e aumentar a produtividade. Os gestores de RH devem desempenhar um papel fundamental para garantir que as políticas sejam efetivamente aplicadas e, em última análise, utilizadas pelos trabalhadores. As recomendações específicas para o WBO Quénia para o pessoal da ACS e outras categorias de pessoal da organização incluem o seguinte

- Introduzir uma reserva de computadores portáteis e disponibilizá-los ao pessoal da ACS, que os pode utilizar em casa para trabalho flexível.
- A ACS deve poder trabalhar à distância, tal como os seus colegas da sede.
- Não se deve esperar que o pessoal da ACS que está ausente do trabalho durante a utilização da política de emprego esteja a trabalhar.
- Devem encorajar ativamente os empregados a utilizar o WLP.
- Devem criar um programa de sensibilização para a proteção do ambiente de trabalho para melhorar o conhecimento dos trabalhadores sobre o tipo de políticas disponíveis.
- Devem reconhecer a importância e os benefícios da utilização eficaz do WLP e partilhar a informação com os gestores e supervisores.

Recomendações para os trabalhadores

Da discussão acima, conclui-se que cabe à entidade patronal e ao trabalhador garantir que o WLB seja alcançado por todo o pessoal da organização. Os trabalhadores podem procurar outras formas de alcançar o WLB sem o WLP oficial da organização. Isto pode ajudá-los a garantir que não negligenciam outras áreas da sua vida, mas sim que sentem satisfação tanto em casa, com a família e os amigos, como no trabalho. Algumas recomendações incluem o facto de o trabalhador se apropriar do seu próprio bem-estar e criar o seu próprio WLB. Ushcer (2014) sugere que, à medida que a insegurança no trabalho aumenta com os cortes orçamentais, os despedimentos, etc., que obrigam os trabalhadores a trabalhar mais do que nunca, estes podem incluir as seguintes actividades no seu programa de WLB:

I. **Criar tempo de inatividade**: os empregados devem fazer um esforço para incluir tempo para a família e para actividades sociais no seu horário semanal, de modo a reenergizar. Recomenda-se que a existência de um calendário fixo nos ajude a gerir melhor o tempo e a criar um incentivo para cumprir estes compromissos.

II. **Concentrar-se em actividades que produzam energia positiva**: Os trabalhadores devem concentrar-se em actividades que acrescentem valor às suas vidas, como por exemplo, colocar a sua energia naquelas que melhoram a sua carreira ou vida pessoal. Alguns empregados passam horas intermináveis no trabalho a provar à entidade patronal que estão empenhados nas suas funções, enquanto perdem tempo com os colegas a coscuvilhar ou a fazer desabafos negativos que não acrescentam valor à organização ou à sua vida pessoal.

III. **Melhoria da gestão das tarefas**: Os empregados podem considerar a possibilidade de contratar ajuda para tratar de tarefas morosas e mundanas em casa, para passarem o seu tempo livre com a família e os amigos, em vez de passarem o tempo fora do trabalho em tarefas monótonas mas exigentes. É uma forma ideal de relaxar, trazendo algum equilíbrio para as suas vidas.

IV. **Exercício físico**: O exercício é uma das melhores formas de aumentar os níveis de energia. Os trabalhadores devem fazer um esforço extra para incluir o exercício nos seus horários preenchidos, em vez de gastarem horas extra de trabalho que podem ser conseguidas com uma abordagem reenergizada após o exercício. A investigação indica que o exercício é benéfico para o bem-estar, uma vez que não só controla o peso, mas também combate os problemas de saúde e as doenças; melhora o humor, melhora a vida sexual e melhora o sono (Mayo Clinic 2014).

V. **Relaxamento**: Os empregados não devem subestimar o poder do relaxamento e incorporá-lo no seu horário para evitar o esgotamento. Isto pode assumir a forma simples de sair do escritório uma hora mais cedo uma vez por semana ou de dedicar 10-15 minutos a algo que ajude a recarregar as baterias, como uma atividade que dê prazer durante o horário de trabalho.

Investigação futura

A literatura deveria discutir o papel dos empregadores e dos gestores na aplicação eficaz do WLP, contribuindo para a redução do stress relacionado com o trabalho. Este estudo contribuiu para a literatura sobre o WLB e talvez tenha dado o pontapé de saída para alargar os escritos sobre o WLB e o seu impacto no desenvolvimento da carreira, um tema que requer maior exploração. A investigação adicional deve também abordar o fracasso da implementação eficaz do WLP pela gestão.

Lista de referências

Banwell, W. (20062007) *Under Pressure: Implications of Work-Life Balance and Job Stress,* Human Solutions [em linha], Disponível: http://www.grahamlowe.ca/documents/182/Under%20Pressure%2010-06.pdf [Acedido em 28 de maio de 2014]

Conceitos básicos de investigação. (n.d.) *Descriptive Studies,* The Office of Research Integrity [online], Disponível: http://ori.hhs.gov/education/products/sdsu/res_des1.htm [Acedido em 7 de junho de 2014]

Brown, M.M. (n.d.) *Our Work and Life Program,* Programa das Nações Unidas para o Desenvolvimento [em linha], Disponível: http://www.un.org/womenwatch/osagi/pdf/worklifeundp.pdf [Acedido em 21 de maio de 2014]

Busbyway. (2014) *Work-Life Balance Programs Benefit Employiters and Employees*, Busbyway [em linha], Disponível: http://www.busbyway.com/2014/06/09/work-life- balance-programs-benefit-employers-and-employees/[Acedido em 28 de março de 2014]

Dicionário de Negócios. (2014) *Work Life Balance*, The Business Diretory [em linha], Disponível: http://www.businessdictionary.com/definition/work-life-balance.html [Acedido em 18 de maio de 2014]

Canadian Centre for Occupational Health and Safety Chartered Institute of Personnel and Development (Centro Canadiano para a Saúde e Segurança no Trabalho). (2007) *O que está a acontecer com o bem-estar no trabalho?* CIPD [em linha], Disponível: http://www.cipd.co.uk/nr/rdonlyres/dcce94d7-781a-485a-a702-6daab5ea7b27/0/whthapwbwrk.pdf [Acedido em 31 de março de 2014]

Chartered Institute of Personnel and Development. (2007) *O que está a acontecer com o bem-estar no trabalho?* CIPD [em linha], Disponível: http://www.cipd.co.uk/nr/rdonlyres/dcce94d7-781a-485a-a702- 6daab5ea7b27/0/whthapwbwrk.pdf [Acedido em 31 de março de 2014]

Coca Cola. (2012) *Coca Cola Work Life Balance,* Coca Cola [online], Disponível: http://www.coca-colacompany.com/stories/work-life-balance [Acedido em 31 de março de 2014]

Daily Nation. (2014) *France's Orange hit by 10 suicides since start of 2014: watchdog*, Agence France-Presse [online], Disponível: http://www.nation.co.ke/news/world/France-Orange-hit-by-10-suicides-since-start-of- 2014-watchdog/-/1068/2249586/-/xdfy48/-/index.html [Acedido em 20 de maio de 2014]

Downes, C & Koekemoer, E. (2011) 'Work-life balance policies: Challenges and benefits Associated with Implementing Flexitime", *SA Journal of Human Resource Management/SA Tydskrif vir Menslikehulpbronbestuur,* Vol. 9(1), Art. #382, pp. 113.

Livro de Receitas de Avaliação. (1999) *Questionnaires: Advantages and Disadvantages,* Learning Technology Dissemination Initiative [em linha], Disponível: http://www.icbl.hw.ac.uk/ltdi/cookbook/info_questionnaires/ [Acedido em 6th de junho de 2014]

Felstead, A., Jewson, N., Phizacklea, A. e Walters, S. (2002), 'Opportunities to work at home in the context of work-life *balance', Human Resource Management Journal*, Vol. 12, no. 1, pp. 54-76.

Flexible work hours to organizational commitment and job satisfaction,' *Journal of* Grimes, D.A. & Schulz, K.F. (2002) 'Descriptive studies: what they can and cannot do', *Lancet*, Vol. 359, pp. 145-49.

Greenhaus, H.J. & Beutell, N.J. *'Sources of Conflict Between Work and Family Roles',* Academy of Management Review, Vol.10, pp.76-88.

Grimes, D.A. & Schulz, K.F. (2002) *'Descriptive studies: what they can and cannot do',* Lancet, Vol. 359, pp. 145-49.

Health and Safety Executive. (n.d.) *Stress and mental health at work,* Health and Safety Executive [online], Disponível: http://www.hse.gov.uk/stress/furtheradvice/stressandmentalhealth.htm [Acedido em 26 de março de 2014]

Heathfield, S.M. (2014) *Human Resources Work-Life Balance,* About.com [online], Disponível: http://humanresources.about.com/od/glossaryw/g/balance.htm [Acedido em 27 de fevereiro de 2014]

Hobson, J.C., Delunas, L., & Kesic, D. 'Compelling evidence of the need for corporate work/life balance initiatives: results from a national survey of stressful life events', *Journal of Employment Counselling,* Vol. 38, pp. 38-44.

IIS. (n.d.) Introduction to Research: *As vantagens e desvantagens dos questionários,* LibWeb [em linha], Disponível: http://libweb.surrey.ac.uk/library/skills/Introduction%20to%20Research%20and%2 0Managing%20Information%20Leicester/page_51.htm [Acedido em 12 de maio de 2014]

Organização Internacional do Trabalho. (19962014) *Why Stress At Work Matters,* ILO[online], Disponível: http://www.ilo.org/global/about-the-ilo/newsroom/comment-analysis/WCMS_184786/lang--en/index.htm [Acedido em 7 de maio de 2014]

Johnston, J. & McCourt, W. (20102012) *Research Strategies, Human Resource Practice,* The University Of Manchester, Manchester.

Key, P.K. (2002) *Research Design in Occupational Education,* Oklahoma State University [em linha], Disponível: http://www.okstate.edu/ag/agedcm4h/academic/aged5980a/5980/newpage110.ht m [Acedido em 7 de junho de 2014]

Khong, K. (2011) *Job Killing you? 8 types of work-related stress,* Health.com [online], Disponível: http://www.health.com/health/gallery/0,,20409593,00.html [Acedido em 26 de março de 2014]

Ledger-Hornby, T & Bleed, R. (2006) *Work and Life: Achieving a Reasonable Balance,* Educause University [em linha], Disponível: http://www.educause.edu/research-publications/books/cultivating-careers-professional-development-campus-it/chapter-7-work-and-life-achieving-reasonab [Acedido em 10 de junho de 2014]

Equipa da Clínica Mayo. (2014) *Exercise: 7 benefits of regular physical activity,* Mayo Clinic [online], Disponível: http://www.mayoclinic.org/healthy-living/fitness/in- depth/exercise/art-20048389 [Acedido em 24 de março de 2014]

McCourt, W & Common, R. (n.d.) *Emerging Issues, Human Resource Practice*, The University Of Manchester, Manchester.

Miller, S. (2012) *2012 National Study of Employers Reveals Increased Workplace Flexibility,* Society for Human Resource Management [em linha], Disponível: https://www.shrm.org/hrdisciplines/benefits/articles/pages/2012nse.aspx [Acedido em 2 de maio de 2014]

Mukupo, P. (2014) Entrevista pessoal, Ndola, Zâmbia, 13 de abril.

Serviço Nacional de Saúde. (2012-2014) *Stress, Ansiedade e Depressão: Beat Stress at Work,* Serviço Nacional de Saúde [em linha], Disponível: http://www.nhs.uk/Conditions/stress-anxiety-depression/Pages/workplace- stress.aspx [Acedido em 27 de fevereiro de 2014]

Nelson, D.L., Quick, J.C., Hitt, M.A., e Moesel, D. (1990), "Politics, Lack of Career Progress, and Work/Home Conflict: Stress and Strain for Working Women, *Sex Roles,* Vol. 23, no. 3 & 4, pp. 169-185.

Nestlé. (2014) 'Perks at Work' Program, Nestlé Purina [em linha], Disponível: https://www.nestlepurinacareers.com/why-purina/our-culture-and-benefits/work- life-balance/ [Acedido em 21 de maio de 2014]

Serviços governamentais do NI Diret. (2013) *Flexible working and work-life balance,* NI Diret [em linha], Disponível: http://www.nidirect.gov.uk/flexible-working-and-work-life- balance [Acedido em 4 de junho de 2014]

Palgrave Study Skills. (2014) *Choosing appropriate research methodologies and methods*, Palgrave Study Skills [em linha], Disponível: http://www.palgrave.com/skills4study/studentlife/postgraduate/choosing.asp [Acedido em 4 de junho de 2014]

Research Connections. (2013) Survey Research and Questionnaires, Research Connection [online], Disponível: http://www.researchconnections.org/childcare/datamethods/survey.jsp [Acedido em 4 de março de 2014]

Robinson, J. (2014) *Work-life Balance: Work-life balance fuels engagement,* Optimal Performance Strategies [online], Disponível: http://www.worktolive.info/work-life- balance/ [Acedido a 2nd maio 2014]

Saunders, M., Lewis, P., & Thornhill, A. (2009) *Research methods for business students* 5th edn, FT Prentice Hall, Harlow

Scandura, T.A., & Lankau, M.J. (1997), 'Relationships of gender, family responsibility and Shuttleworth, M. (20082014,*) Descriptive Research Design,* Explorable [online], Disponível: https://explorable.com/descriptive-research-design [Acedido em 7 de junho de 2014]

Sincero, A.M. (20082014) *Vantagens e Desvantagens dos Inquéritos,* Explorable [online], Disponível: https://explorable.com/advantages-and-disadvantages-of-surveys [Acedido em 9 de junho de 2014]

St-Amour N., Laverdure J., Devault, A., & Manseau, S. (2007) *The Difficulty of Balancing Work and Family Life: Impact On The Physical And Mental Health,* Institut national de santé publique du Québec [em linha], Disponível: http://www.ncchpp.ca/docs/633-DiffBalancingWorkFamilyLife.pdf [Acedido em 28 de maio de 2014]

Tausig, M & Fenwick, R. (2001) 'Unbinding Time: Alternate Work Schedules and Work-Life Balance' *Journal of Family and Economic Issues,* Vol. 22(2), pp. 201

Tennant, C. (2001) "Work-related stress and depressive disorders" *Journal of Psychosomatic Research* 51, pp. 697-704

Torrington, D., Taylor, S., Hall, L. & Atkinson, C. (2011) *Human Resource Management* 8th edn, Pearson, Harlow.

The Work Foundation. (2014) *Flexible Working,* The Work Foundation[online], Disponível: http://www.theworkfoundation.com/Research/Workforce-Effectiveness/Good-Work/Flexible-Working [Acedido em 18 de maio de 2014]

Banco Mundial. (2012) *Oportunidades Administrativas,* Empregos [em linha], Disponível: http://web.worldbank.org/WBSITE/EXTERNAL/EXTJOBSNEW/0,,contentMDK:23123951~menuPK: 8453474~pagePK:8453902~piPK:8453359~theSitePK:8453353,00.htm I [Acedido em 13 de abril de 2014]

Banco Mundial. (2014) *G00061 Resumo dos Benefícios e Notas Importantes para Consultores e Consultores Temporários de Prazo Prolongado (ETC/ETT) nomeados nas* Operações de RH *da Sede* [em linha], Disponível: http://pubdocs.worldbank.Org/pubdocs/publicdoc/2014/3/194551374626399840/ G00061-3-18-14.txt

Banco Mundial. (2010) *Joint Clinic on Work-Life Balance,* Banco Mundial, Copenhaga.

Banco Mundial. (2013) *Restrictions on Current and Former Bank Group Staff and Eligibility of Bank Group Vendors,* Corporate Recruitment [online], Disponível: http://web.worldbank.org/WBSITE/EXTERNAL/OPPORTUNITIES/EXTCORPPROCUREMENT/0,,contentMDK:22594533~pagePK:64147231~piPK:64147158~theSitePK:438017,00.html [Acedido em 26 de abril de 2014]

Banco Mundial. (2012) *World Bank Grade Level Chart,* imagem digital, Banco Mundial, consultado a 16 de março de 2014 http://web.worldbank.org/WBSITE/EXTERNAL/EXTJOBSNEW/0,,contentMDK:23123 971~pagePK:8453902~piPK:8453359~theSitePK:8453353,00.html

HRO do Banco Mundial. (2014) Entrevista pessoal, Nairobi, Quénia, 12 de março.

United Nations Careers. (2014,) *Staff Categories,* Nações Unidas [em linha], Disponível: https://careers.un.org/lbw/home.aspx?viewtype=SC

[Acedido em 20 de agosto de 2014].

Sistema das Nações Unidas. (2008) *Work Life Balance in the Organizations of the United Nations System,* Sistema das Nações Unidas [em linha], Disponível: http://www.un.org/womenwatch/osagi/archive/CEB%20-

%20work%20life%20balance%2018Feb2008.pdf [Acedido em 31 de março de 2014]

University College of London. (n.d.) *Work Life Balance Policy,* University College of London Human resources [em linha], Disponível: http://www.ucl.ac.uk/hr/docs/work_life_balance.php [Acedido em 26 de maio de 2014]

Ushcer, J. (20052014) *Protecting and Insuring Your Health: 5 tips for better work-life balance,* WebMD [online], Disponível: http://www.webmd.com/health-insurance/protect-health-13/balance-life?page=1 [Acedido em 27 de fevereiro de 2014]

Van der Klink, J. J. L., Blonk, R.W. B., Schene, A.H., & van Dijk, F.J. H. (2001) 'The Benefits of Interventions for Work-Related Stress', American *Journal of Public Health* Vol. 91, No. 2, pp. 270-276

Yassbeck, P. (2002) *The business case for firm-level work-life balance policies: a review of the literature,* New Zealand Ministry of Business, Innovation & Employment [em linha], Disponível: http://www.dol.govt.nz/PDFs/FirmLevelWLB.pdf [Acedido em 26 de maio de 2014]

MIX
Papier aus verantwortungsvollen Quellen
Paper from responsible sources
FSC® C105338

Printed by Books on Demand GmbH, Norderstedt / Germany